社會學給現代人的非標準答案

孟慶延　著

那些生活中讓你感到痛苦的，
究竟是誰的問題？

臺灣版自序——

為什麼人們需要認識社會學？

社會學的內涵

社會學是一門極容易被誤解的學問，很多人會認爲社會學是專門研究「社會」的，但社會是什麼？這個語詞的內涵、外延、邊界都是不清晰的，甚至不同的文明系統對於社會有著相異的理解。實際上，社會學並不是專門研究「社會」的學問，它的獨門絕技，也並非統計分析、問卷調查或者田野調查，它的誕生，來源於十八到十九世紀一批思想家面對著工業化和現代性所帶來的社會系統性變革，而產生的思考與追問。

工業化、現代性、宗教的世俗化所帶來的，不止於效率的提升，也不止於科技的進步，還包括人與人之間關係、組織乃至秩序的劇烈變化。人們從過去田園牧歌的熟人社會轉入由陌生人構成的都市生活，在職業生活中追求利潤和財富也不再是被宗教所拒斥的，不再是虛榮、貪婪等人性本惡的呈現，而是上帝的召喚，也是現代人的天職（calling）。

都市內的陌生人關係成爲了社會關係的主軸，而組織內的職業關係也逐漸超越單純的血緣、地緣關係，成爲生活世界很重要的一部分。一種全新的、肉眼無法完全看到的現代社會結構逐漸生成。

人是社會性動物，是因爲人從呱呱墜地那一刻起，便受到自己所在的社會結構性要素的制約。個體所處的社會環境、原生家庭、生命歷程，都在潛移默化中鐫刻著人的行動邏輯與精神氣質。正如美國社會學家米爾斯（C. Wright Mills）在《社會學的想像》中所提到的，個體在生活中所遇到的各種問題，在很多情境下都不是個人問題，而是有著深層的社會結構性要素，是身處於現代社會中的個體大多會遭遇到的普遍命運。因此，社會學的使命，就在於揭示「個體問題」背後的社會學邏輯。

在全球化時代下，社會學所扮演的角色

從某種意義上說，全球化是現代性的衍生物。現代化是人類文明的普遍趨勢，它的底層邏輯來自於生產的工業化，當人類藉由工業化獲得了空前的生產能力之後，商業貿易越來越發達，而整個世界也漸漸演變成一個「生產—貿易體系」，不同的文明、不同的國

家分別以各自的姿態進入這樣的世界體系，並於體系中處在不同的結構性位置上。正是在這層意義上，不同國家、文明的人，彼此的交流與交往也越來越頻繁。然而，這也帶來了不同文明之間的理解與溝通這一難題。人是一種背負著自己所有的過往不斷向前爬行的動物。個體對生活的認知，與他人來往的方式，與世界相處的模式，都和自己身處的那個看不見的「社會」有著莫大關聯。全球化時代的巨大挑戰在於，有著不同文化傳統的人被嵌入同一個「生產─貿易」體系之中，因此，如何與異質性的人相處，如何理解與自己不一樣的人的生命世界，又如何理解那些陌生的國度和新奇的社會？正是由於現代世界是涂爾幹社會分工論意義上的有機連結狀態，在同一個體系內異質性的人之間的溝通與連結問題，才成爲了現代性的中心命題。社會學的重要性，恰恰在於破除掉異質性的人對他者的抽象觀念，在理解基礎上架起充分溝通的橋樑。

人文關懷的重要性

在相當長一段時間裡，社會學都以自然科學的方式要求自己，它將社會本身視爲一種客觀存在的實在物，試圖從複雜的人類社會現象中尋找客觀的規律。然而，究其本質而言，社會學是兼具人文關懷和科學精神、溫柔而具體的學問。「理解」二字構成了這門學問的基礎。無論我們是在以參與、觀察或者深入的方式展開田野調查，還是試圖以一套科學嚴謹的客觀指標系統對人類的社會行為進行因果解釋，我們都是以理解他人的生命世界為前提。因此，理解自己、理解自己所處的時代、理解每一個如你我一樣的人的喜怒哀樂，構成了這門學問的基礎，也是社會學最為動人之處。

理解這個詞，意味著人們對日常生活抱有足夠的溫情與敏銳，也意味著我們要時刻保持著對生命的熱愛與對苦難的悲憫。同時，更大的挑戰在於，需要放下自己固有的成見，超越生命歷程的種種局限。當我們閱讀那些艱澀的經典文獻時，當我們聆聽受訪者的生命故事時，或者建立模型分析資料時，本質上都在進行著「放下自我」的成長過程。

「讀書為己」，是因為讀書可以讓你成為更豐富的自己。然而，這一學問類型所賦予我們的又不僅止於此。因為理解並不等於盲從與放任，同情也不等於妥協與隨波逐流。它要求我們設身處地理解他人的處境，又要求我們探知自己的界限，有足夠的理智與澄澈來與這個時代的許多陷阱保持距離。社會學會告訴我們關於國家、社會、組織與個體的知識，它們也都會在我們的生活中呈現出來。然而，社會學真正的饋贈，並不止於這些知識的傳授，而是社會學的實踐本身正不斷提醒，所有的概念、理論，所有關於道德、法律、正義、秩序、規則的討論，終究都會變成生活中的一件又一件小事考驗著我們。社會學的人文關懷，是讓我們有足夠的理智與清明，去面對紛亂龐雜的社會現象，同時更是讓我們有足夠的勇氣與決心，去直面生活世界中的眞實。

contents

臺灣版自序　為什麼人們需要認識社會學？　3
前言　誰的問題？　14

第一篇　抽象的社會

第1章／空心時代：生活的意義為什麼消逝了？　29
人生：如同一場混吃等死的旅行／從過去到現代：生活的意義何以寄託？／自我意識：日漸被掏空的個體／尋找意義：無處安放的迷夢／

第2章／精神鴉片：網路遊戲為什麼會讓人成癮？　45
沉迷：「心」的內在屬性／媒介：「人」的體外器官／虛幻：「真相」的彼此矛盾／監控：「圍堵」的意外後果

第3章／演算法系統：被殖民的生活世界意味著什麼？…………65
推播策略：支配你的生活預設值／被改變的習慣：科技發展對社會是好還是壞？／
演算法的本質：找出行為習慣的最大公因數／
生活世界的殖民化：在現代個體的集體無意識之下

第4章／全景敞視：我們的生活是如何邁入「楚門的世界」的？…………81
楚門：隨時被觀看、無所遁形的生活／恐懼的來源：無法揣測的人心／
規訓：無孔不入的支配／難以逃亡：停在表面的世界

第5章／網路暴力：網路酸民是如何產生的？…………………101
暴戾：網路輿論的道德審判是否客觀？／失真：去脈絡化的表達方式／
正義：短連結的理性／從眾現象：長連結的情緒

contents

第二篇　懸浮的生活

第6章／顏值正義：容貌焦慮背後為什麼是多數人的暴政？……125

容顏：個體的生物學符號／醫美：容貌的標準化生產／審美觀：隱藏在背後的多數人暴政／氣質：人類的社會學表徵

第7章／搶人大戰：人與人才，何者更應該優先？……145

人口流動：不明覺厲的搶人大戰／搶奪人才：一場圍繞機率展開的競爭／人、人口、人才：現代國家的政治算術／何以為家：陌路城邦的田園狂想

第8章／跟風旅行：真的有那麼多「不得不去的遠方」嗎？……161

踏上旅途：現代人的異鄉夢／到熱門景點打卡：空虛人心的填充物／對遠方的嚮往：流浪者的桃花源／周遭附近：棲居者的中途島

第9章／隱入塵煙：鄉村是如何空心化的？……………………181
鄉村：傳統社會的田園詩／城鄉差距：結構問題的空間化／
空心化：都市化過程中的子命題／走進山林：水泥森林的烏托邦

第10章／有家無房：房子與人生的關係是什麼？………………203
不動產：勞工們的緊箍咒／地產：生產鏈的引擎／
異鄉：房子與家的關係／異鄉遊子：現代人的元命題

第三篇　空心的個體

第11章／象牙之塔：教育行業是如何變成來料加工業的？………225
一點也不悠閒：大學生面臨的龐大壓力／加工業：一個吊詭而殘忍的現實／

系統：一個非意圖後果的現場／異化：一個時代和命運的課題

第12章／物欲橫流：消費主義是如何重新定義「需要」的？……239

消費主義的流行：購物節、直播帶貨等新興行銷機制／生產—消費：現代社會的孿生子／短缺—豐沛：以消費為主導的社會／欲望—佔有：消費主義帶來的變化

第13章／高齡社會：你真的了解你的父母嗎？……257

高齡化人口：國家將至的未來／養老制度：結構性的難題／生育率低下：為什麼不生小孩？／代溝：現代人封閉的心靈

第14章／心靈捕手：現代社會中的憂鬱症為什麼越來越多？……275

憂鬱：人類社會的流行病／現代人的心理狀態：當「靈魂問題」走向科學化／
長期緊張：現代文明的衍生品／他人的存在：生活世界的稀缺物

第15章／困於過往：人為什麼很難斷捨離？……………… 295
懷舊：隨時隨地發生的穿越／今昔對比：無意識中產生的比較心態／
當下：由過往的生命歷程鐫刻而成／人類：不斷負重前行的物種

後記 309
參考資料 315

前言

誰的問題？

矛盾、虛偽、貪婪、欺騙，幻象、疑惑、簡單、善變，好強、無奈、孤獨、脆弱……噢，我的天，高級動物；地獄，天堂，皆在人間。

上面這些文字，來自竇唯的〈高級動物〉。他用四十八個「孤獨」、「貪婪」之類的詞寫成了這首歌。站在一個純粹的音樂外行的角度來看，竇唯的這首歌似乎並不複雜，卻一直在用他自己的方式表達著對世界的理解。在這首歌中，竇唯用這些簡單詞語所表達的，既是複雜而多面的人性，也是現代個體的普遍處境。

一九九四年十二月十七日，「搖滾中國樂勢力」演唱會在香港紅磡體育館舉行。在這場演唱會上，當時並稱「魔岩三傑」的竇唯、張楚、何勇和唐朝樂隊登場，以音樂的方式發出自己對現代世界的疑問與吶喊。張楚用一首〈螞蟻螞蟻〉作爲他對現代社會的隱喻，

「看一看我的理想埋在土裡」這句歌詞，傳遞了一個理想主義者在現實世界中的蜷縮與無奈；竇唯則在發出「地獄，天堂，皆在人間」的感嘆之後，又發出了「幸福在哪裡」的靈魂拷問。

同樣是在這場演唱會上，何勇用一句「我們生活的世界，就像一個垃圾場」表達著自己的情緒，但同時用一首〈鐘鼓樓〉傳遞著自己對城市生活快速變遷的「不適感」，更令人拍案叫絕的是，「是誰出的題這麼地難，到處全都是正確答案」這句歌詞在有意無意之間成爲對「幸福在哪裡」的回答。

現代人所生活的世界充滿形形色色的問題。小到柴米油鹽醬醋茶，大到人生、歷史和國家，問號與問題似乎不斷地出現在我們的生命歷程中。人生的意義到底是什麼？我現在的生活究竟爲什麼不是我想要的生活？我的人生是不是出了什麼問題？如果我當初選擇那樣做，現在是不是會更好？

＊＊＊

我在這本書的開頭就寫下這些文字，並不是要向大家販賣焦慮，因爲這些是現代個體的普遍處境和可能會出現的內心獨白。實際上，我們在現實生活中遇到的各種問題遠比這些多，也比這些複雜。我先和大家分享一段自己的眞實經歷。

二〇一九年夏天，家中的長輩在常規體檢中查出一些指數異常，需要住院做一次穿刺檢查。幸運的是，我掛上了專家門診，也等到了住院的床位。在就診當天，長輩按照醫生的要求禁食禁水，早上六點，我們就到了醫院。但是在辦理手續的時候，出現了一個非常詭異的情況，住院部有我們登記的預約資訊，但是在醫生的電腦上卻找不到預約紀錄。我們在住院部、門診樓、住院醫生辦公室之間往來奔波兩個多小時，問題始終無法解決。在我們的反覆詢問下，醫生終於鬆口了，他們的回答從之前的「不清楚」變成了「可能是預約系統出了問題」，並反覆強調「這不是我的問題」，讓我們再等待一下。由於長時間禁食禁水，長輩出現了低血糖的症狀，諮詢醫生能否吃東西。醫生說：「可以啊，但是吃了東西，檢查就不能做了。」我們問：「能不能明天再做？」醫生回答說：「不可能，明天做就需要重新掛號、排床位。」

怒火中燒的我一時沒有控制好情緒，大聲說：「你們不能這樣對待病人啊！是預約系統的問題，不是我們的問題，後果不應該由我們承擔啊。」醫生淡定地跟我說：「我沒說是你們的問題，但這也不是我們的問題，是系統的問題。醫院住院部這邊有紀錄，但是門診部的系統裡沒有你們的紀錄，必須兩邊都有病人的預約紀錄才能做這個檢查。你就稍等一下吧，再等等。」焦灼之時，一個掛著實習吊牌的醫生跟我說：「你們別急，我去資訊中心問一下。」他去之後沒多久，系統問題就被解決了，我們也終於順利地做完了檢查，此時已經是下午兩三點了。

幾年前的這段親身經歷一直印在我的腦海裡，並不是因爲我記仇，也不是要不斷控訴醫院和醫生，而是因爲「這不是我的問題」成了每個「當事人」的基本話語，也是我在整個過程中聽到最多的一句話。在整個過程中，系統是自動的，但人是隱形的。也許會有朋友認爲我小題大做，不過是系統 bug（故障）或者資訊技術的問題而已。然而我並不這麼認爲，在我看來，這是每個處於現代社會中的人都在不同程度上遇到過的普遍狀況。

＊＊＊

問：「整天抱怨自己不喜歡所學的專業，為什麼不選喜歡的呢？你怪誰？」

答：「我不是富二代，選擇志願必須考慮生計啊，這難道是我的問題嗎？」

問：「整天埋怨自己的工作毫無意義，但是一到週末就宅在家裡看手機，這是你自己的選擇，你怪誰？」

答：「我為了生存必須好好工作，一個星期有六天在加班，剩下一天還不能休息嗎？這難道是我的問題嗎？」

問：「你看看人家，三十歲時都生兩個孩子了，你還單身，你就不著急嗎？」

答：「我沒遇到合適的，這樣也要結婚生孩子？這難道是我的問題嗎？」

問：「好好的一個人，整天焦慮，長得又不差，非要省錢去做醫美，這不是吃飽太閒嗎？難道獨一無二的有趣靈魂不比千篇一律的好看皮囊更稀少嗎？」

答：「在看臉的世界，別人都去做，我不做就落後了，這難道是我的問題？」

問：「整天抱怨都市生活成本太高、通勤時間長，那你為什麼不去其他縣市生活？或者乾脆回老家？」

答：「大都市機會多，其他地方常常要靠關係。我家境普通，沒什麼人脈，只能留在大都市，這難道是我的問題嗎？」

＊＊＊

無論是職業還是生活，「這不是我的問題」是現代人經常使用或者面對的句型，我們既會被這句話堵得氣血上湧而困頓無奈，又會用這句話尋求自保並推卸責任。我們時常感覺到，自己既是那個故事中的患者和患者家屬，又時不時地會成爲把「這不是我的問題」掛在嘴邊的醫生。捫心自問，有多少人願意去做那位實習醫生呢？

如果一切都「不是我的問題」，那究竟是誰的問題？

原生家庭環境、宏觀政策環境、周邊群體環境成爲我們最普遍的歸因選項。「家裡條件不好」、「大環境不好」、「大家都這樣」，於是「我又能怎樣呢？」這個疑問句變成了否定句：「我並不能怎麼樣。」對大多數人而言，當我們進入這個思維邏輯和認知模式之後，除了無奈，還總是有一絲不甘埋藏於心間。仔細想想，這些不甘其實既是希望的來源，又是焦慮的來源。它不斷敦促著現代人過著一種「積極向上」的人生來實現神聖的自我價值，同時又不斷讓我們感受到現實的殘酷。

我們在意義與虛無、功用與價値、理想與現實之間反覆搖擺，在「躺平」和「內捲」中無限循環。

實際上，當我們發出「這不是我的問題」的吶喊時，或許並不是在推卸責任，只是講出了現代社會運行的基本邏輯。現代社會是一個肉眼不可見的龐大系統。它有著異常複雜的分工，這些分工系統以高效率、標準化和專業化爲底層邏輯，現代人在獲得前所未有的物質與技術的同時，也獲得了前所未有的科學、知識與權利。這造就了現代個體的第一個普遍境況：**作為工具的現代人**。

處在複雜社會分工系統中的我們，經常由於工作的重複性（專業性）而感慨意義的消逝，但也時常忽視一個現實：作爲系統存在的現代社會，其最大特徵是陌生人的功能性連結。仔細想想，每個人的日常生活都離不開其他人的工作，而每個人的工作實際上也在不同程度上影響、甚至決定著其他人的生活。在社會分工的意義上，每個身處系統的現代人都難逃「工具人」的命運。這種高度系統化的社會分工狀態爲人類帶來前所未有效率的同時，也導致了「推卸責任」這一普遍狀況。當我們陷入「這不是我的問題」的邏輯時，會突然發現，很多時候，這個系統中的人都認爲自己做的事合乎規範——它可能並不符合道德與靈魂層面的高要求，卻符合職業邏輯中的「份內之事」。

這種龐大社會系統中的工具人境況又會引發現代個體的第二個普遍情況，即全方位的異化*狀態：在現代社會中，我們往往將貨幣理解爲絕對目的，而忘記了它本來只是「絕對工具」。同樣地，現代人對於職業、教育乃至婚姻、家庭的理解，很多時候都處於異化狀態。實際上，**這種異化的本質就是一種理解世界的「有用性」邏輯，在這種邏輯之下，經常會發生「工具」與「目的」的錯置**：大學教育體制中的績點（GPA）*，本來只是一種測量學生對知識掌握程度的方法，卻變成了學習最主要的目的，現在的教育產業，更像是「來料加工業*」。實際上，馬克思所講的「異化」不是某個人的命運，而是現代人的普遍境況。

＊＊＊

現代個體的第三個普遍境況，便是矛盾與分裂。一方面，個體意志在現代社會中獲得

---

* 異化是由馬克思所提出的概念，主要指勞工與工作間的關係，隨著生產工具的自動化，工作對於勞工本身已經沒有意義可言，工人變得不是自主、自我實現的人類，只是維持資產階級的運作而存在。
* GPA（Grade Point Average）是成績的平均績點，國外大學與國外研究所常以GPA來評估學生的能力，作為錄取與否的重要指標。
* 指進口物料由外商提供，製成品由外商銷售，經營企業收取加工費的加工貿易。

了前所未有的神聖地位，「爲自己而活」、「實現自我價值」、「我是我的唯一主宰」已經是普遍共識，同時更是人生的「邏輯起點」；另一方面，在我們的生命歷程中，我們總是體會到個體意志的受限狀態——不論所扮演角色如何，我們遇到的每一個「這也不是我的問題啊」難道不正是一種個體意志、選擇受限的狀態嗎？這種理論上的「**無限可能性**」和現實中的「**有限選擇權**」同時出現在我們生活的世界中，使得現代人陷入一種高度「分裂」的狀態：觀念的高度伸展與現實的極度蜷縮。

身爲現代人，我們既感受著作爲「主體」自我的無上榮光——經歷了現代高度發展的我們，已經將「我是我的唯一主宰」作爲自己不容侵犯的預設值——又承擔著個體對個體的無限責任。全能的個體在邏輯上一定對應著全責的個體。然而，一旦進入現實，就會發現，全能的個體幾乎時時刻刻都處於「蜷縮」的狀態，原來生活中有那麼多我們無法主宰、無法決定的結構性力量在壓抑著我們。於是，這種結構性緊張的狀態成爲現代人的普遍命運——**滿滿的焦慮感與壓迫感撲面而來，我們在劫難逃**。

究竟是什麼構成了對個體意志的限制呢？構成限制與桎梏的，是「社會」這個「不可見物」的存在。當我們討論原生家庭的時候，是在討論人類文明最基礎的群體單位——

「家」與「家庭」；當我們將原因歸爲制度環境的時候，我們是在討論人組合成群體所需要的規則與秩序的問題。所以，嚴復先生在一百多年前將sociology（社會學）翻譯爲「群學」，是簡明、準確又容易理解的翻譯方式。生而爲人，何以成群？這是社會學的本來面目，它是應對現代文明的到來而產生的學問系統，它關心的是現代人的普遍命運。

涂爾幹（Émile Durkheim）所強調的人類從機械連帶（mechanical solidarity）到有機連帶（organic solidarity）的轉變，便是前文提到的「社會分工系統」的現代之變；馬克思（Karl Marx）所提到的異化與商品拜物（Commodity fetishism）*，成爲現代人至今無法擺脫的預言；韋伯（Max Weber）對工具理性氾濫所塑造的「理性的鐵籠」的擔憂，現在已經變成了「困在體制中的社畜」的現實。

在這層意義上，追問現代個體所面對的結構性緊張的「根源」，也就是追問那些附著在個體身上的不可見要素（制度、秩序、文化、傳統、習俗），拆解它們產生影響的機制和原理，成爲了社會學的默認使命。

* 是資本主義市場社會中的社會關係的一種意識形態，其中社會關係體現為一種基於商品或貨幣的客體關係，主要表現為勞動商品化和異化，是將商品的價值看作是它自身固有的，與生俱來的屬性，而不是人們勞動的體現。

社會學有時會給人無力之感，這並不是因爲它的語言表達艱澀抽象，而是因爲很多時候它並不輕易給出標準答案，更不輕易給出「解決方案」。是的，社會學更關心的問題是：**這是什麼問題？這是誰的問題？這是一種以「是什麼」和「為什麼」為核心的提問方式，而非「怎麼辦」的思維迴路。**

至於爲何如此，其實不難理解。社會學的研究對象是由一個個具體的、活生生的人所組成的群體，如果我們承認人是複雜的動物，那麼毫無疑問，由人組成的群體則是更複雜的存在——當人群聚合時，語言、習俗、文化、歷史、價值觀、信仰、宗教、制度、秩序等都會「自然地」出現，這種出現並不是「物」的累加，也不能用數學公式完全模擬，它是涂爾幹意義上的「社會事實」，是韋伯意義上的由具有主觀意義的社會行動所構成的社會現實。

社會學是現代性的產物，這決定了社會學研究者不能夠簡單地將自己的研究對象當作「物」來看待，同時也意味著社會學研究者要非常審慎地提供「對策」，因爲每個對策一旦變成「政策」，就可能在很大程度上改變活生生的人的命運。在這層意義上的審慎不僅是合宜的，更是必要的。現代人在觀念上是活躍而高度發展的，大家無時無刻透過各種科技和新聞媒介捕捉生活世界的資訊，這種觀念上的高度發展時常使人變得自大，誤以為自己似乎能以知識分子、政治家或者「救世主」的姿態存在。這種觀念上的活躍也時常讓現代人陷入一種虛無的自我狀態，很多時候，在他的世界中，除了「自我」，別無他者。這樣一種抽象的存在狀態使得現代人經常不去追問為什麼，而樂於直接給予關於「怎麼辦」的回答。

＊＊＊

本書只嘗試在「為什麼」層面提供我自己的回答。至於「怎麼辦」，則是每個神聖個體的自我選擇。這不是一本傳統意義上嚴謹規範的學術分析著作，在各章節中，我嘗試避免陷入「概念的世界」，也希望可以避免「用一般人不懂的名詞說大家都懂的常識」，我嘗試分享自己對很多問題的「看法」，並努力說明形成這些「看法」的理由。這也關乎我對「社會學」的理解。社會學既不是複雜的數學模型，也不是抽象的理論概念，它為我們提供了理解自我、觀察世界的眼鏡。

試想一下，即便都是從事社會學研究的人，在同一時間去同一個村莊進行田野調查，他們觀察到的現象、提出的問題，以及對問題的回答，也會是不一樣的。例如，受傅柯（Michel Foucault）影響很大的人，可能會對村莊日常生活中的權力問題產生濃厚的興趣，而受涂爾幹影響極深的人，則可能更關心村莊的社會分工及社會連帶問題。爲什麼會有這個差異？因爲他們自己的生命歷程與社會學的相遇方式和結合方式都是不一樣的。在這層意義上，本書對所謂現代人的「社會病理學」的觀察，也只是我個人的理解，它不一定是「正確」的，但必定是坦誠的。

「是誰出的題這麼地難，到處全都是正確答案。」其實，哪裡有什麼正確答案，我們不過是在尋找在現代社會中安放自我的方式罷了。

具體而不抽象地活著，是社會學給我們的慷慨饋贈。

第一篇

抽象的社會

第1章

空心時代：生活的意義為什麼消逝了？

人生：如同一場混吃等死的旅行

網路上流行過這樣一個段子。大部分的警衛都是哲學家，因為他們都會問同樣的問題：「你是誰？你從哪裡來？你要到哪裡去？」如果說「警衛三問」是最為切近的「形而下」問題，那麼，哲學家問這三句話，本質上則指向了「形而上」的問題。對身處現代社會的一般人來說，捫心自問這三句話，要不是在自嘲，要不是在喟嘆人生與活著的意義何在。

我總認為自己很幸運，因為關於「生活的意義」這種看上去有點無病呻吟，又讓人忍不住去追問的問題，在我的高中時代曾經得到「完美」的回答。那時，我遇到兩位非常有趣的老師，一位教政治，另一位教我們國文，都是剛剛從大學畢業的青年教師，思想活躍，詼諧幽默。他們兩個人關係非常好，又因為都很年輕，所以和我們這些處在青春期的高中生相處得相當融洽。

我記得這兩位老師有過一段特別經典的對話。國文老師問政治老師：「你說，我們活著是為了什麼？」身材微胖的政治老師想都沒想就說：「我活著就是為了吃飯。」國文老師說：「那我們不一樣，我是爲了等待死亡。」「我們湊一起，原來就是混吃等死啊！」兩人異口同聲道。

其實，「人活著是為了什麼」這個終極問題，幾乎會在我們每個人的生命旅程中浮現。當你在高中未成年即談戀愛，被父母和老師制止時，他們會告訴你生活的意義是好好讀書，才有好的前途；當你在大學保持單身時，有人會告訴你要趁著大學期間趕快尋找愛情；當你初入職場，在「躺平」與「內捲」之間循環往復時，你會面對親戚的催婚「拷問」，似乎這個時候生活的意義就在於那張結婚證書；當你終於邁入婚姻的殿堂，享受著二人世界時，耳邊會環繞著「花式催生」的聲音，會有人告訴你「沒有孩子的人生是不完整的」，好像孩子成了你生活的意義所在。

如果「生活的意義」這個說不清、道不明的難題只停留在婚姻家庭和情感生活的領域，那也就算了。你即便在不同的人生階段獲得了那些「看上去很美好」的意義，也可能會在職場上受到類似問題的無情摧殘。當我們每天享受著「九九六」的「福報」*而苦不堪言之時，當我們每天將精力消耗在擁擠而漫長的通勤路上時，恐怕都會嚴重懷疑自己的

---

* 九九六是指上班族從早上九點工作到晚上九點，每週工作六天，阿里巴巴創辦人馬雲曾撰文說，九九六加班文化是一種「福報」。

人生：本應「屬於我」的時間、精力與生命被完全霸佔了，生活的意義只剩「苟且」，似乎已經沒有了遠方。

或許你會認爲，我們之所以喟嘆自己青春易逝、意義不存，是因爲還沒有實現財務自由，因爲沒有財務自由；所以沒有時間自由；而沒有時間自由，生活中的意義也就消失了。但是，眞的是這樣嗎？一個人實現了財務自由、時間自由，就不會整天臥在沙發上滑著手機的短影音來揮霍時光嗎？就不會閒得難受、空虛無聊嗎？

究其本質而言，生活是否有意義，以及生活的意義是什麼，並不單純是由財富多寡來決定的。在這層意義上，我們應該暫時拋棄馬斯洛的需求層次理論，對「生活的意義」進行更具本質性的元問題*探討。或許，我們應該重新思考的並不是「生活的意義從何而來」，而是「生活的意義何在」、「生活應該有意義嗎」這樣的「前置性問題」。

從過去到現代：生活的意義何以寄託？

生活的意義究竟是什麼？人究竟是應該只停留在對生存需求和口腹之欲的滿足之上，還是要追求更加形而上學的終極意義？對這個問題，不同的人一定會有不同的回答。然而，當現代社會的節奏越來越快，現代人越來越「捲」，「活著好無趣」、「爲什麼要活著」普遍成爲青年人和中年人的口頭禪時，「意義」問題就已經變成了現代人的一種「時代症狀」。一個奇怪的問題是：如果說「意義的消逝」是一種現今社會的時代病，那麼在現代來臨之前，生活的意義究竟是如何安放的呢？

法國社會學家埃米爾・涂爾幹有一本非常有名的著作《社會分工論》，在這本書中，他指出現代社會與傳統社會的最大差別就是人與人之間形成社會連帶的類型和形式有了翻天覆地的變化。涂爾幹將現代社會來臨之前的社會連帶稱爲「**機械連帶**」，將現代社會的互相依賴方式稱爲「**有機連帶**」。所謂機械連帶，是指在傳統社會中，由於技術、交通等限制，一個人在日常生活中偏向與相似性高的人打交道，這裡的相似性包括血緣、地緣、同一宗教信仰等■1。而現代的來臨最大限度地打破了這種連結形式，生產技術的歷史性革新使人類有了大量快速生產的能力，新教改革則賦予了現代人追逐利潤的正當性，商業貿

---

* 元問題（Meta-question）是指一個問題本身所涉及的問題，通常是指對問題進行分析或探究，或者對一個問題進行更深入的思考和探索，以更好地理解問題的本質和內在結構。

易的發達與交通的發展使人們的活動範圍進一步擴大。隨著越來越多工商業城市的出現，人類走出自己的生活圈與舒適圈，開始與陌生人和異鄉人來往，由此形成了基於職業的、異質性群體爲主導的「有機連帶」的形式。

之所以要講「機械連帶」與「有機連帶」這兩個看上去古老而抽象的概念，是因爲在現代來臨之前的機械連帶的社會中，「生活的意義」幾乎是一個無須思考的「先驗性」問題。在有著強烈的宗教信仰的文明中，人們此生的生活意義實際上是被死後看不見的「彼岸世界」所規定的：一個人生來就帶著「原罪」，因此，他此生需要在教義的規定下禁欲，節制地生活，這樣才能確保洗清原罪，實現救贖。

其實，無論是基督教還是天主教，或是佛教、伊斯蘭教，儘管教義不盡相同，對人死後的彼岸世界和未知天國的想像與描摹也不盡相同，但都在「生活意義」的角度爲人類的「此世」賦予了終極意義，也由此規定了世俗生活的基本形態與秩序。因此，涂爾幹才會在另一本名爲《宗教生活的基本形式》的著作中，討論圖騰崇拜究竟有著怎樣的社會基礎這樣的問題。因爲他敏銳地意識到，宗教實質上是現代社會來臨之前人類的意義所在——圖騰崇拜中的「集體歡騰」則是彰顯意義的重要儀式[2]。

在進入現代社會之前，能夠規定人的生活意義的不只是宗教，**政治神聖性、血緣神聖性以及種種根植於日常生活的文化價值取向同樣建立起了生活的意義**。例如，在傳統社會中，「忠孝兩全」是一個人的至高理想，儒家傳統也將「君臣父子」作爲人之五倫重要的兩重維度，它們都規定著生活的意義——無論是爲國盡忠，成爲英雄，還是爲家盡孝，成爲孝子，都是在道德與倫理意義上的「好人」。

＊＊＊

由此，我們會發現，爲國捐軀、成爲國家棟樑之所以構成個體的意義，不僅是因爲人本身所具有的政治屬性，同時還是因爲「國家棟樑」本身具有光耀門楣的意義。簡單來說，以傳統社會爲例，我們會發現，生活意義的安放，要不是在血緣倫理與家庭倫理之中，要不就在奠基於神聖性的政治倫理之中——正所謂「窮則獨善其身，達則兼善天下」，在修身、齊家、治國、平天下這個順序中，個體與天下分別處於兩端，而中間則是「家庭」與「國家」這兩個維度。所以，費孝通在《鄉土中國 生育制度 鄉土重建》中強調，所謂鄉土社會並非「土氣」，而是一種基於鄉土和歷史形成的倫理社會[3]。這個倫理無論屬於政治維度還是家庭維度，都在漫長的歷史演進中不停構建著我們的意義系統[4]。

實際上，在西方文明的歷史中，提到如何安放意義的也不只是宗教這個單一領域。如果你熟悉哲學，就會知道亞里斯多德所說的「人天生是一種政治動物」這句話，其本質是在講古典政治的核心：要培養公民勇敢與善良的德行，可以爲城邦獻身和犧牲。如果看過經典電影《教父》，你同樣會感到家、家庭和家族在人生命中的重要性。綜上所述，無論在現代來臨之前，人們將生活的意義安放在哪個「價值領域」[5]，這個意義都有一個共同的特徵，那就是它是被安放在「自己」之外的。無論是宗教的神義、政治的忠義、家庭的孝義還是倫理的道義，生活的意義都不在自己身上，而是在身外的種種「價值領域」之中。

我們的父母那代人、甚至更老的一代人經常會說：「我這輩子就是爲了孩子活著。」儘管「爲你好」在很多具體情境下會被認爲是「越俎代庖」，甚至引發代際爭吵，但不可否認，父母一輩人在很多時候是將自己生活的意義放在子女和其他家人之後的。其實，子女何嘗不是如此？在現實生活中，當有朋友表達自殺的傾向或者情緒時，當對方流露厭世輕生的衝動時，我們也會經常這樣勸解：「你不爲自己著想，也要爲自己的爸爸媽媽想想啊。」當我們說出這些話時，不妨靜下來思考：在我們的潛意識中，生活的意義是不是也並不完全在自己身上呢？

自我意識：日漸被掏空的個體

「爲別人考慮，爲自己活著」曾經是非常流行的心靈雞湯，在我看來，這句話較爲溫和地表達了現代人的「自我意識」，如果更激進一些，那就是「我的地盤我做主」、「我的生活我做主」。實際上，現代人即便不把上面這些話掛在嘴邊，也一定會把它們埋在自己的內心深處，它們由此變成現代人的集體無意識和生活預設值。現代人不再願意子承父業，而要選擇自己熱愛的志業；不再遵從媒妁之言、門當戶對，而要追求屬於自己的感情；不願再將生活的意義安置在「身外」，而要從自我主宰的生活中尋找「意義」。

理想是豐滿的，但現實總是骨感的。當現代來臨之後，經歷了文藝復興、啓蒙運動、自然科學發展與商業貿易繁榮的現代人，內在投射於自我的個體意識已經充分覺醒，在漫長的歷史時空中變成「**獨立的個體**」。然而，現代人必須面對的一個非意圖後果*就是：以平等、自由和獨立構建的精神固然美好且值得追求，但作為現代人生活意義載體的「個體」也由此變成了「沉重的肉身」。

當每個人說著「我的生活我做主」，以「自己」作為尋找和安放生活意義的前提時，我們卻悄然發現，現代人陷入了對現實生活的「無限懷疑」。一個不可辯駁的事實是，很多現代人在「九九六」、催婚、催生、「內捲」、「社恐」（社交恐懼症）的日常生活中逐漸變得「空虛」：工作中的打拚不再是為了職業或夢想，也不是為了自我實現，而是為了生計，自己成了一個為老闆工作的滿身疲憊的「社畜」；婚不是為了自己結的，生育似乎也成為一個被各種社會要素和環境壓力塑造的非自主選擇。不僅如此，從事學術工作的人也將自己職業的意義從「探索未知」變成了「發表論文」，進而追求名利雙收或頭銜。

以上種種，都在對「將自己作為意義」的現代人進行無情的拷問：作為意義承載者的個體，以及附著其上的「獨立」等價值理念，真的可靠嗎？換句話說，每一個現代個體，真的有足夠的能力和品格來承載生活的終極意義嗎？被工作和生活壓得喘不過氣的現代人，被無限異化的現代人，早已經被那些「生命不能承受之輕」掏空了身體與心靈，似乎再也沒力氣支撐一個恆定而終極的意義。

* * *

當現代來臨之後，西方發生了一場有著深遠影響的宗教改革，對利潤的追逐、對財富的積累不再被認爲是人性貪婪與虛榮的表現，也不再爲改革後的基督教教義所對抗，而是成爲現代人獲得上帝榮耀與選民資格的重要表徵[6]。更重要的是，表面上，韋伯的「新教倫理之問」既是個現代問題，又是個西方問題，但是其本質具有高度的普遍性——儘管自古以來，人性本善還是人性本惡是一個哲學家們不斷爭論且沒有定論的命題，但趨利避害、貪婪懶惰是人本性的一部分，因此，無論是何種文明、何種宗教、何種文化傳統和政治類型，本質上都在和這一部分人性的弱點對抗。然而，以自然科學的進步爲基礎、以工業化爲手段、以效率最大化爲底層邏輯的現代性，最大限度地提升一般人日常生活的水準和便利程度的同時，也在最大限度地衝擊著這些對抗性力量。

因此，完成了「祛魅」[7]過程的宗教的世俗化程度越來越高，而經歷了政教分離的政

* 是指在為了實現某一個結果的努力過程中，最終得到了意圖之外的結果。

治也將「道德」、「意義」這些終極問題重新讓渡給宗教，自身只圍繞權力的來源、分配與執行運轉，針對個體行爲是否合乎規範來進行治理，進而體現自身的「正義」。而在經濟與市場領域，有了神義論「加持」的理性人本性不斷推動著生產和貿易的繁榮，與此同時出現了馬克思所講的「商品拜物」與「人的異化」。

以上種種充分表明一個冷峻的現實：現代人在試圖將終極意義從宗教天國、君主神聖和祖先崇拜這些「身外之物」上解除，並以自己的肉身和生命來獨立承載意義的時候，卻同時面對著各個領域的急速「祛魅」，也就剝去了附著在事物表面上的那層虛假的東西。於是，現代人普遍面對著兩種現實困境：一種是在生計與「內捲」中眼睜睜看著意義消逝，另一種則是試圖在個體生活中找到意義，卻充滿疲憊、無力與迷茫。被載入了終極意義的現代個體，在日復一日的循環中，逐漸被掏空。

尋找意義：無處安放的迷夢

如果現代人將自己而不是外物作爲終極意義的載體，而這個載體又會在諸多社會現實的衝擊下變得空心與疲憊，那麼，究竟要將意義安放在何處呢？難道退回到前現代的傳統社會中，重新將意義還給那些看不見、摸不著的形而上的神聖嗎？因此，現代人遇到的與其說是「意義消逝」的難題，不如說是一場意義無處安放的迷夢。

實際上，人類在步入現代社會這個龐大系統，面對一個祛魅的世界時，嘗試過爲終極意義尋找「可落實的方案」。韋伯在關於新教倫理的討論中，明確將現代社會中的「職業」稱爲「天職」，英文爲「calling」，其內在涵義是一種來自上天的召喚。簡單來說，在韋伯看來，現代文明中的個體所邁入的職業生涯，可不只是單純爲了生計和賺錢，而是實踐上帝所賦予的神聖使命，而生活的意義也能就此安放。

實際上，不只是韋伯，另一位同時代的社會學思想家涂爾幹在《職業倫理與公民道德》中也敏銳地看到，當人類社會從機械連帶進入有機連帶，整個社會分工系統變得越來越複雜，當職業生活佔據了現代人生活的大部分時間和精力時，職場實質上承載了培育公民道德的職責，只不過與宗教透過教義、政治透過忠義、血緣透過孝義來培育道德不同，現代社會中的職業系統是透過所謂「**職場倫理**」來實現的[8]。

我在學校教社會學理論課的時候，講到韋伯的天職觀念，曾有學生在課後問了我這樣一個問題：「老師，按照你在課堂上的說法，難道說現在的西方人在從事自身職業的時候，還會想著這不是在賺錢，也不是爲了滿足口腹之欲或生計需要，而是在踐行上帝的使命和實現生活的意義嗎？」

如果要確切地回答這個問題，我們恐怕需要對當下的西方人進行一次大規模的抽樣調查。但是，即便不做調查，我們從日常生活的經驗出發也會知道，上述問題的答案很有可能是否定的。這並不是說韋伯錯了，恰恰相反，韋伯既看到了作爲天職與神啓的職業在現代社會中的作用，又預言了現代社會的命運——被工具理性的牢籠困住的現代人。實際上，無論是何種文明的人，在高度競爭和「內捲」、在以效率爲理念、績效考核爲機制的職業系統中，所謂「意義」問題都早已經被磨損得連火花都燃不起來了。

職業系統在現代社會中的蛻變與異化只是現代社會的一個縮影。正如我們在前文提到的那樣，無論是婚姻情感還是職業生涯，或是選擇徹底「躺平」的生活方式，意義問題在其中都已經漸漸變成了一個無處安放以致於任其消逝的迷夢。只不過現代人時常從這個夢中醒來，試圖以各種方式實現對意義的「拯救」。

＊＊＊

第二次世界大戰後，曾經有一個文學流派風行於西方世界，以凱魯亞克（Jack Kerouac）爲代表，該流派作家被稱爲「垮掉的一代」。爲什麼會有這樣一個聽起來很消極的名稱呢？以凱魯亞克的代表作《在路上》來說，這本小說表面上是在寫一群放蕩不羈、放浪形骸、浪跡天涯的年輕人，但其本質呈現的是「意義何處安放」、「現代生活是否需要終極意義」這樣的「元問題」。書名準確地傳達了一種意象：我們經常說「活在當下」，但是「當下」究竟在何種層面上可以爲我們提供意義呢？拚命「捲」起來就有意義嗎？徹底「躺平」就不煩惱了嗎？我們還經常會說「活出自我」，究竟什麼是「自我」？如果自我是空心的，那活出自我又有什麼意義？

所謂「在路上」，其實有兩種解法：其一，「在路上」的每一刻就是意義本身，這種理解實質上已經將終極意義從一個形而上的問題變成了一個形而下的問題，就如本章開頭所講的那樣，「混吃等死」的每一刻就是生活的意義本身；其二，「在路上」描摹出了現代人的普遍命運，即始終走在尋找意義的旅途上，或許就是意義本身。

對於「生活的意義」這一問題，我也無法給出答案。正如何勇在〈鐘鼓樓〉中唱道：「是誰出的題這麼地難，到處全都是正確答案。」但至少，我對爲什麼會出現「生活意義的安放與消逝」這個問題進行了解答。現代性是普遍歷史的具體展開，每個現代人都處於逃無可逃的狀態。因此，一個人需不需要意義，去哪裡尋找和安放意義，一個人的生活意義到底應該是什麼，這些問題根本就沒有標準答案。

然而，現代人需要的或許根本不是標準答案，而是眞實的勇氣。因爲現代人必須意識到，如果還想將終極意義放在個體的肉身之上，那就要有足夠的力量來承受或輕或重的「意義」。

第2章

精神鴉片：網路遊戲為什麼會讓人成癮？

沉迷：「心」的內在屬性

二〇二二年秋，一款名爲《羊了個羊》的小遊戲幾乎在一夕之間成爲熱賣作品。這款遊戲無論從設計上還是從遊戲體驗上來看都並不複雜，只是設計了關卡難易程度「兩極化」的差異和特殊的競爭機制。就是這樣一款小遊戲，引發了用戶的瘋狂追捧。更有意思的是，相關財經媒體報導，開發這款遊戲的公司是一家上市企業，而根據這家公司在二〇二二年十月二十六日晚間揭露的第三季財報，這家公司擬每十股派發人民幣一百四十元現金，合計金額達到十．〇六億元。媒體指出：「其前三季度歸屬母公司淨利爲十．一二億元。換句話說，這家公司準備把一年內賺的利潤全部分掉。而在這當中，其實際控制人盧竑岩將拿走超過三億元的金額。[9]」

這樣一款不複雜的遊戲之所以可以在短時間內賺得錢包滿滿，很重要的原因之一就在於，在當今的技術環境與商業邏輯下，遊戲的線上活躍使用者本身就是最大的價値，因爲附著在這些抽象數字之上的，是商家和資本方看來無限的商機（例如廣告投放）。

本章並不想圍繞作爲「產業」的遊戲業的資本運作邏輯展開討論，而是想以這個「賣座案例」爲引子，具體討論「遊戲」之於現代人、現代社會的意義。

其實，隨著技術的發展和用戶端的不斷反覆運算，《羊了個羊》這種設計簡單的小遊戲根本不足以和遊戲行業中的「大作」競逐。隨著網路時代的來臨，以及家用電腦和智慧型手機的普及，整個遊戲業曾經催生出無數個熱賣作品，從較早的《魔獸世界》、《魔獸爭霸》、《反恐精英》，到後來的《DOTA》、《英雄聯盟》、《王者榮耀》還有歷久不衰的《FIFA》、《實況足球》等體育競技類遊戲，都在一段時間內「各領風騷」，也都擁有龐大和忠實的使用者。不僅如此，以技術爲基礎的遊戲無論是在虛擬模擬的程度上，還是操作可玩性的角度上，都在日新月異地反覆運算，這就像一個具有極大吸力的黑洞，將無數用戶及遊戲開發者捲入其中。

根據《二〇二一年臺灣文化內容產業調查報告—遊戲、電競產業》，臺灣遊戲、電競產業二〇二〇年總營收推估爲新臺幣五八三・三三億元，包含遊戲開發、遊戲營運／代理／發行、電競賽事、電競戰隊等子產業營收[10]。這樣一個龐大的遊戲產業，除了帶來了經濟意義上的資本效應和就業機會，還引起了一個社會關注的熱門問題，即「遊戲成癮」對青少年群體的負面影響。在絕大多數人看來，遊戲成癮、網路成癮雖然與毒品這樣的身體性成癮不可同日而語，但仍然有著巨大的危害。

＊＊＊

實際上，自從社會進入網路時代，網路及其周邊所形成的成癮問題就不斷引發大眾的關注與討論，甚至出現過針對「網路成癮少年」的非法戒斷機構——用電擊治療網路成癮的楊永信所在的中國臨沂第四人民醫院網路成癮戒治中心就是其中的典型。如果說毒品成癮及其戒斷偏向生理學範疇，那麼，網路成癮及遊戲成癮的問題則屬於心理學的範疇。作爲一名社會學家，我則嘗試對「遊戲成癮」這一問題以社會學範疇內來討論。

在如今的生活中，我們都會遇到熱愛打遊戲的人，當我們看到一個人雙手橫握手機時，他有很高的機率是在玩遊戲。有人玩起遊戲來六親不認、晝夜不分，甚至因爲徹夜玩遊戲而猝死的極端案例都不斷見諸報端。那麼，現代人、特別是年輕人爲什麼會出現「沉迷於遊戲」的現象呢？

關於沉迷的心理學和腦科學機制，這裡並不做討論，如果從社會學的視角來看，我們首先不得不面對的一個「前置性」現實是：**沉迷於某件事情，其實是人性的一部分。**這是一個不需要研究多麼高深艱澀的理論，就可以直接觀察與感受到的事實：有些人不會沉迷於遊戲，但可能沉迷於菸酒，或者沉迷於某種愛好，比方說，有人喜歡足球或籃球等運動——在我自己所生活的世界中，我就見過整天都在球場上踢球的人。再比如，有人沉迷於音樂，或者沉迷於戶外活動等等。實際上，儘管人是動物，但也是一種具有主觀意志的「高等動物」，而個體會沉迷於什麼東西，在某種程度上也是其主觀意志的呈現。

簡單來說，「沉迷」其實是現代個體的普遍狀態，或者說它是人性中的內在核心，因爲生活中一定存在著某種東西，它符合你的本性，讓你樂於投入其中，從而獲得快樂與滿足。

那麼，如果「沉迷」是人性的一部分，爲什麼在大眾的普遍認知與觀念中，沉迷遊戲是不好的呢？或許你會覺得這個問題的答案不言自明——因爲「遊戲」會妨礙學習，同時又沒有「實際用處」。這是一種典型的韋伯所說的「工具理性」的理解方式。踢足球至少可以鍛鍊身體，熱愛音樂可以陶冶性情，但是玩遊戲除了會導致「喪志」，好像並沒有其他實際功用。

這種想法其實是一種存在明顯問題的偏見，但我們不妨把對「偏見」的批判和對「解藥」的探尋放在一邊，先來討論一個在我看來更爲本質的問題：爲什麼現在的電腦遊戲和手機遊戲都如此容易讓人沉迷呢？

遊戲自古就有，電子遊戲也早在半個世紀前就出現了——大多數八〇後、九〇後的童年都是在掌上型遊戲機和形形色色的機臺遊戲陪伴下度過的，儘管當時的家長也會對此進行「教訓」或者「圍剿」，但是似乎「沉迷」、「成癮」問題並不如現在這般嚴重，這又是爲什麼呢？

媒介：「人」的體外器官

對八〇後、九〇後來說，無論是童年時代的掌上型遊戲機，還是機臺遊戲以及後來的電腦遊戲，都曾或多或少引起人類這個物種的「沉迷」。然而，我們需要注意，與之前不同的是，當遊戲的媒介從過去的遊戲機和電腦變成了智慧型手機，遊戲媒介的生存環境和基礎架構從單機或區域網路遊戲，變成了以5G爲基準的高速即時通訊技術時，整個遊戲的生態都和之前不同了。

對今天的人類而言，手機不再只是通訊工具，還是人類的生活本身。早在二十多年前，社會學家柯司特（Manuel Castells）就預見了以電腦和網路爲核心的技術革命將對人類社會產生巨大影響，而完成了《網路社會的崛起》這本著作。

以現在的眼光來看，這本書的內容似乎並沒有什麼高深的洞見，但是如果將時針撥回到二十多年前，有人告訴你未來出門可以只帶手機，就能實現和全世界不同地方的人同時線上玩同一款遊戲，打同一個關卡，還需要彼此配合和進行整體戰略部署，你或許會覺得這是天方夜譚。而《網路社會的崛起》這本書卻在此意義上具有高度敏銳的先見之明。柯司特詳細分析了網路與資訊技術的崛起給「社會」帶來的一系列變化：**它既是人類社會生產力和生產方式變革的催化劑，又是新的大眾文化和傳媒方式的培養皿**。它從生產到生活，從個體到社會，全方位地塑造著人類的世界[11]。

或許你會說，無論是網路還是智慧手機，或是未來的元宇宙、人工智慧等，都只不過是技術。然而，當今網路技術的最大特徵在於，它已經具有遠遠超過技術本身的特徵。現在我們早已習慣出門只帶手機，用手機支付、閱讀、聽歌、觀影，透過手機完成絕大部分日常生活事項。在這樣的情況下，我們的生活習慣被網路高度塑形：我們習慣了讀篇幅短、效益高的文章而早已懶得閱讀長篇大論；我們喜歡透過各種短影音網站來看電視劇和電影，進而發明了「抖音追劇法」，或者用「倍速」的方式來最有效率地觀看影片。

當上述變化在我們的日常生活中一點點發生的時候，我們會驚訝地發現，手機早已不是機器，而是作爲現代人的一種「體外器官」存在著。可以想像，當手機成爲人的「體外器官」，即「人不離機」成爲一種普遍現象時，以這樣一種「體外器官」爲載體和媒介的遊戲，無論如何，都比之前任何一種形態的遊戲更容易使人沉迷，因爲它的時間成本、媒介成本相較之前都大幅降低了：我們不需要出門去「大型遊戲中心」，不需要去網咖，甚至以手機爲媒介的遊戲玩家幾乎可以隨時隨地登入遊戲，相比之前，也更容易躲避老師、家長及身邊人的「圍剿」。

虛幻：「真相」的彼此矛盾

對玩家而言，現在的遊戲除了「沉迷」的門檻較低，還有其他讓人欲罷不能的原因，那就是它所具有的「社會學特徵」——這幾個字可能並不準確，與其說是社會學特徵，不如說是現在的遊戲內容和形態與現代社會的「選擇性親和」關係。身處網路時代的「現代人」究竟面對著怎樣的生活世界和具體處境？當我們討論這個問題的時候，恐怕會想到如下關鍵字——捲、躺平、無意義、孤獨、宅、憂鬱、焦慮、社恐等，不一而足。在上述詞語中，可以捕捉現代人存在狀態的鮮明特徵：**我們孤獨卻渴望社群生活，不甘庸碌卻找不到生活的意義，渴望被理解卻害怕被人冒犯與傷害**。

在這樣的情況下，以遊戲爲主題內容的網路虛擬世界爲現代人不受傷害地「舒展自我」提供了最大的可能性。儘管遊戲體系已經日臻成熟，但是從實踐層面來看，當今的遊戲世界依然處於高度匿名化的狀態。

無論是過去的男生成群地去路邊的遊戲中心、打桌球、踢足球，還是現在三五好友去桌遊店、玩劇本殺等，這些都屬於廣義上的「遊戲」範疇，是容易使人沉迷的東西，其重要的特點之一就是需要面對面地、實名化地、眞實地與人交往。在面對面交往的情況下，每個人無論性格多麼鮮明，或者多麼以自我爲中心，總是或多或少需要顧及同伴和其他人的感受。比方說，當隊友在球場上浪費了自己絕妙助攻的時候，我們能不能破口大罵？再比如，當我們在現實中遇到一個「打遊戲常常輸」的同伴時，究竟是何種心情？在現實面對面的遊戲中，上述這些情況很容易使我們的快樂體驗大打折扣。

然而，**在匿名化的虛擬世界中，每個玩家都在「理論」上享有「虛空的自由」**。簡單來說，所謂虛空的自由，即無負擔的自由。什麼是無負擔的自由？就是在虛擬的遊戲世界中，如果隊友的技術太差，那麼我們可以想罵就罵，甚至可以「大聲」開罵，至於罵完之後會有什麼後果，並不在大多數人的考慮之內——因爲遊戲玩家在現實生活中可能並不認識彼此，很多時候即便是被罵的一方，也不會嘗試找出這個罵自己的人的眞實身分。在遊戲世界中，玩家形成了一種快速、匿名的聚散方式。

＊＊＊

實際上，「電腦遊戲」或者「網路遊戲」並不是最近才出現的新鮮事物，但是我們仔細觀察一下就會發現，近十年來，隨著行動網路的快速興起，即便是在「網路遊戲」這個分眾賽道上也發生了很大的變化，其中一個鮮明的特點就是遊戲內容、機制和呈現方式上的「隨機化」和「快速化」。在二十一世紀前十年流行的諸如《星際爭霸》、《紅色警戒》、《魔獸爭霸》、《反恐精英》等電腦遊戲，儘管可以連接網路，但很多時候都是以區域網路爲「基礎」而展開的，很多玩家都是現實生活中彼此認識的人，大家集體參與，體驗著遊戲帶來的快樂與刺激。

後來以《魔獸世界》爲代表的戰略遊戲則非常強調「社群」、「公會」等組織與培育，儘管是虛擬世界，但是要想在這些遊戲中獲得良好的體驗與成就，就必須在網路這個虛擬世界中形成某種共同而固定的社群生活，甚至可能還需要制定公共秩序與規則，而這些遊戲最刺激的地方則是大規模多人即時線上團戰所帶來的征服欲與成就感。然而，如今流行的各種遊戲更常是透過匿名使用者的隨機配對和隨機組隊等機制來實現的，整個遊戲傾向以個人爲單位來「結算」成績與等級，單局遊戲的時長在變短，遊戲的單局結算節奏在加快，也不需要一大群人長時間共同線上完成團隊任務，這樣的遊戲機制非常符合前文所描述的現代人的一系列存在特徵。大家打遊戲就好，合則聚，不合則散，不必承受涉入彼此眞實生活世界所帶來的負擔。

如果想在更深層次理解現在的各種網路遊戲究竟何以像釘子般牢牢地鑽進現代人的

生活，除了前文所提到的遊戲機制上的諸多特徵，我們還需要對現代人的存在狀態加以討論。一般認爲，經歷了文藝復興、啓蒙運動、大航海時代、工業革命、全球化浪潮等一連串複雜歷史進程才邁入「現代」門檻的人們，其存在基礎是理性。然而，正如韋伯所指出的，現代人終將陷入「**理性的鐵籠**」之中。

沒有人知道未來誰將生活在這個鐵籠之中，沒有人知道在這驚人發展的終點會不會又有新的先知出現，沒有人知道那些老觀念和舊理想會不會有一次偉大的新生，甚至沒有人知道會不會出現被「痙攣性妄自尊大」美化的機械式麻木。因爲我們完全可以言之鑿鑿地說，在這種文化發展的最近階段下，「專家已沒有精神，縱欲者也沒有了良心；但這具軀殼卻在幻想著自己達到了一個前所未有的文明水準」[12]。

在韋伯呈現的現代理性搭建的「鐵籠」之中，每個「理性」的現代人需要在現實生活中謹小愼微、權衡利弊，來求取行動本身的最恰當手段、最小成本及最大收益，這就是現在網路上流行的金句「成年人不問對錯，只看得失」的進階表達。然而，人終究是一種有別於其他物種的「高等動物」，韋伯所討論的「理性」各類型中還包括「價值理性」這一維度。現實生活世界的規訓在壓抑著現代人對「價值理性」的強烈訴求。無論是嚴重「內捲」、鉤心鬥角的職場生活，還是互相利用、貌合神離的人際關係，都使現代人越來越「蜷縮」。但是，這種蜷縮並不意味著對自我價値的徹底摒棄，而匿名化的遊戲機制、快速的遊戲節奏、高度模擬的遊戲設計，恰恰成爲現代人「應然我」*的完美棲身之所——在遊戲世界中，我們不必像在眞實世界中那樣到處「躲藏」，可以恣意甚至毫無顧忌地放大自己的情緒；在遊戲世界中，我們可以體會指揮千軍萬馬的成就感，以及說翻臉就翻臉的快感而無須背負過重的道德負擔。

＊＊＊

此外，現在的電子遊戲和網路遊戲在其所涉及的內容與主題上或多或少帶有一定的政治內涵：無論是遊戲畫面的精心設計，還是遊戲主題的整體考量，政治元素都成爲不可或缺的部分。《魔獸爭霸》、《魔獸世界》、《暗黑破壞神》等遊戲蘊含著西方神話傳說的意象，《星際爭霸》則是人類對外太空物種和空間無限想像的投射，當下流行於全球的各種遊戲也都帶有如上屬性——在遊戲畫面中會有各種熱門的佈景，在遊戲機制的設計上又

* 哥倫比亞大學心理學教授希金斯（Edward T. Higgins）提出自我差距理論，指每個人現在的狀態，是「真實我（actual self）」；每個人期望的狀態，是「理想我（ideal self）」；而「應然我（ought self）」是我們認為自己有責任或義務成為的樣子。

經常「暗藏玄機」。

在很多遊戲中，「團體戰」是極具吸引力的。在虛擬化的遊戲世界組建自己的團隊，形成自己的秩序，甚至管理上百位同盟成員——**很多在生活世界中無從實踐的想法和做法，都可以在遊戲的虛擬空間中加以實行。**如何組建自己的團隊，如何生成新的秩序，如何分配權力，團隊領導究竟以何種原則產生，團隊內的規則如何確定，又如何確保規則能夠正確執行……遊戲玩家所面對的以上問題，都是政治社會學領域內的「元問題」。

在這樣的情況下，遊戲世界中，玩家既可以將自己管理的同盟設計成一個遵從叢林法則的無政府狀態，也可以在虛擬世界中建立一個絕對獨裁體制，遊戲世界在虛擬空間的拓展，使得在現實生活中處處被規範的現代人一下子「破繭而出」。正如姜宇輝在〈遊戲何以政治？〉一文中指出的那樣，在很多策略、經營、模擬類的遊戲之中，你要做的是複雜的統籌工作，其根本目的無非是讓你手下的社會和國家邁向積極而美好的未來。在這個過程之中，你慢慢會覺得政治沒有那麼複雜和高深莫測。遊戲中的政治，不僅讓每個玩家「滑鼠在手，未來我有」的即時感油然而生，更可激發一種「天下興亡，匹夫有責」的責任感與使命感。[13]

當下的遊戲機制，實質上與現代人那種如同浮萍般的存在狀態形成了完美的「親和」關係，它既可以讓現代人實現以自由、自我爲主題內容的價值滿足，又給現代人充分的匿名性保護，可以讓他們既浸淫其中，又可以毫無負擔地表達或者退出。

如果說網路社會是一個依託形形色色「符號」所搭建的意義系統，那麼，正如著名社會學家葉啓政描述的那樣：「如此活在符號不斷滋生的虛幻世界裡，人並不需要嚴酷的心性試煉，也缺乏致命傷害的機遇，輕盈得像一朵雲，東飄西蕩的。」■[14]當現代人的生存狀態如同浮萍般輕飄飄的時候，遊戲世界爲他們提供了安放輕薄、舒展自我的物理空間。

監控：「圍堵」的意外後果

現在的電子遊戲和網路遊戲受眾的廣度相比之前已經大幅增加，隨著智慧型手機的大範圍普及和行動網路的快速反覆運算，電子遊戲已經不再是青少年玩家的「專屬領域」，而是涵蓋了各個年齡層。由此，我們會看到在各種類型的新聞媒體報導中，沉迷遊戲、遊戲成癮問題不斷出現，甚至成爲引發社會大眾競相討論的熱門話題。

臺灣經濟部工業局爲兼顧產業發展和保護兒少的身心健康，於二〇〇六年依《兒少福利法》的授權制定《電腦軟體分級辦法》，讓電腦遊戲軟體納入分級規範，將遊戲產業導入正向發展。二〇一一年隨著《兒少福利與權益保障法》修正公布，明確授權經濟主管機關加強遊戲軟體分級。工業局在考量數位遊戲產業發展趨勢，並參考相關的管理措施後，通盤檢討現行分級的規定，將原《電腦軟體分級辦法》修正爲《遊戲軟體分級管理辦法》，並將行之有年的四級分級制度（普、護、輔、限），改爲五級（普、護、輔12、輔15、限）。透過細緻化的分級，讓不同年齡層的遊戲族群，選擇適合使用的遊戲軟體[15]。

這些措施，在一定程度上對於改善沉迷遊戲乃至遊戲成癮的現象具有積極意義。綜觀這些辦法，其基礎的邏輯起點在於「圍堵」，即嘗試透過規範規則、提高門檻等將未成年人「隔離」在遊戲的虛擬世界之外，那麼，這種「圍堵」策略有沒有「漏網之魚」呢？或者說，這種策略有沒有「意外後果」呢？

近年來，有一種產業正在悄然興起，即遊戲代練業。簡言之，有一群人專門將「幫助玩家養帳號、練帳號」作爲自己的收入來源。他們同時登入幾十個甚至上百個遊戲帳號，甚至成立工作室，以產生規模效益。這一行既缺少應有的規範，又屬於制度的灰色地帶，存在著監控上的模糊與困難之處。試想，當遊戲玩家本人由於各種各樣的限制，無法隨時隨地登入遊戲或者長時間線上時，遊戲代練業的興起自然成爲邏輯鏈中的必然環節。不僅如此，遊戲代練及相關工作室是以盈利爲目的，因此，它們一旦形成了遊戲攻略介紹、玩家論壇、代練團隊等產業鏈，就自然會在利益的驅動下嘗試突破各種制度與規範約束，而這種產業鏈的興起、壯大乃至「成熟」，本身也會使自己成爲沉迷遊戲機制的重要一環。

＊＊＊

如果我們不只將遊戲看作一項休閒娛樂活動，也不只當成一種新技術條件下的社會文化現象，而是視爲一個有著巨大經濟效益的現代經濟學問題，那麼，當「玩遊戲」變成一種資源的時候，監控體系反而會意外地讓這種資源稀缺化，而稀缺的資源就意味著人們可以用貨幣去購買和交易，因此也就促進了產業鏈的興起。

現在的電子遊戲和網路遊戲，其屬性早已超越了「遊戲」兩字本身的涵義——它們是商業社會的一部分，如同其他行業一樣，是一個有著上下游產業鏈、可以帶來經濟效益、爲整個社會提供就業機會的「一條龍產業」。不僅如此，現在的遊戲行業，無論是遊戲內容的設計，還是遊戲機制的安排，都與現代性之下個體的生存狀態高度契合：它爲現代人提供了一個可以充分實現個體自由意志的場域，讓深陷其中的人充分感受到虛擬世界「無負擔」的自由所帶來的暢快，並盡情體驗「遊戲成就」。

而越來越逼眞的場景設計、VR（虛擬實境）遊戲不斷推陳出新，都在模糊個體對「眞實」與「虛幻」的認知界線。在網路時代來臨之前，甚至在現代社會來臨之前，人是一種「經驗性動物」。所謂經驗性動物，是指個體形成對世界的認知、自身的觀點、習慣與思維路徑，更傾向依靠切身的「經過」與「體驗」。隨著科技的進步，各式各樣的大眾媒體興起，人類經歷了從廣播、電視再到網路的快速傳播。大眾媒體高度發達，人類認識、感知生活世界的方式也發生了劇變：**人們透過各種媒介可以體會到從未真實經歷過的事情，這種間接經驗更有效率，因而被現代人廣泛地接納與認可。**

於是，現代人以發達的媒介系統爲自身的觸角，形成了一種以各式各樣的符號系統和間接經驗塑造自身的方式。在這樣的具體情境下，越來越逼眞的遊戲將虛擬世界與個體存在狀態之間的距離拉得更近，甚至使其合爲一體。葉啓政敏銳地看到了這種現代性的底層邏輯，他指出：「人與人之間的關係被抽象化，甚至被架空。」[16]這種抽象化的人際關係在遊戲中展現得淋漓盡致，人與人的聚合與離散變成了手指下的按鍵，這個按鍵既可以是遊戲登入鍵，也可以是退出鍵或者刪除鍵。

因此，技術越發達，場景越逼眞，現代人越「理性」，遊戲對眞實世界的「殖民化」就越順暢，程度也越高。人們在爲了防止沉迷遊戲而不斷設計更規範、更嚴苛的監控系統的同時，或許應該考慮另一個問題：**究竟怎樣的方式可以將現代人拉回並使其沉浸到真實世界之中？**或許，這才是防止「沉迷」的底層答案。

第3章

演算法系統：被殖民的生活世界意味著什麼？

推播策略：支配你的生活預設值

每次爲新生上「社會學概論」這堂課程時，我都會開門見山地闡明社會學這門學科的本質屬性：社會學不是「剩餘」學科。相反，社會學是一門「大學問」，它是爲應對現代社會的來臨和巨變而誕生的學問系統，是關於現代人時代命運的知識。我記得很清楚，曾經有學生提出了這樣一個問題：「老師，您總是強調現代社會、現代人，那現代人究竟有怎樣的特質呢？」

其實，如果從純粹的知識與學術的角度來看，這個問題會有很多回答，理性、文明、獨立、自主、功利等都是現代人的重要標籤。但若非要讓我用一句通俗直白的話來形容現代個體所具有的鮮明特徵，那就是：**現代人有三隻手，手機是其中一隻**。換句話說，儘管「瘋狂科學家」正在研究的腦機介面（brain-computer interface）*距離眞正落實可能還要幾年或者十幾年，但是手機如今儼然已經成爲人的體外器官——它不再只是一個通訊工具，也不再只是資訊工具，更是我們的「生活」本身。吃飯、休閒、遊戲、差旅，甚至是開會和工作，每個人幾乎都離不開它。我們所生活的世界正在被智慧型手機深刻塑造著。

然而，支配我們生活的眞的是手機嗎？在我看來，手機只是背了鍋，眞正在潛移默化中重新塑造我們生活預設値的，是演算法。

爲什麼這麼說呢？我先來講自己的兩個故事。

＊＊＊

作爲一名八〇後，我是聽著竇唯、張楚的搖滾樂度過自己的青春期的，到現在各種音樂App裡還存著他們的歌。我在使用音樂App的時候，經常會選擇各種搖滾樂歌單來聽。但是最近一段時間，我發現音樂App經常推薦各種與《漠河舞廳》這首流行一時的歌曲曲風相似的音樂。這到底是爲什麼呢？仔細想想，是因爲我之前從某個短影音平臺滑到了這首歌，一時間被它的旋律「洗腦」，後來就在音樂App中搜了這首歌，還有一陣子設定了單曲循環。恐怕因爲一段時間內聽同一首歌的頻率太高，App背後的演算法透過大資料的計算自動識別我喜歡某一曲風，然後就推薦了大量同類型的音樂，我的音樂偏好就這樣在無形中被「支配」了。

＊可以藉由擷取使用者的大腦訊號，與外界電腦進行連結，並控制外部設備，達到與外界進行溝通、重建感官與運動的功能。

如果說音樂只是休閒意義上的個人「偏好」，不是生活的硬需，那麼在吃飯這件事上，我同樣遭遇了演算法。有一段時間，我在學校要一天連上六節課（上午三節課，下午三節課），中間只有一個小時的吃飯時間。因爲臨近中午食堂的人非常多，爲了不耽誤下午上課，我經常在上午課堂間隙點好外送。爲了保證有足夠的熱量，又能確保送餐時間，所以我當時幾乎每次都點麥當勞。於是，一段時間之後，我發現無論在什麼地方拿起手機，打開外送App，排在頁面前幾名的自動推薦商家都是麥當勞、肯德基、漢堡王等速食品牌，以致於想點其他口味的餐廳，經常要把頁面往下滑才行。更值得思考的是，在很多時候，點外送對我來說本身就是「便利」和「快速」，所以我經常爲了迅速解決吃飯問題而懶得下滑頁面，只「就近」選擇各種漢堡套餐。於是，在「吃」這件事上，我也在無形中被演算法支配了。

實際上，相信大家一定都有過和我類似的經歷。在短影音平臺上，你滑到的某一類影片越多，停留的時間越長，短影音平臺就越會給你不斷推薦同類型的內容；在各種串流平臺上，如果你看的懸疑犯罪劇很多，平臺也會不斷給你推薦同類型的作品。因此，與其說手機支配著我們的生活，還不如說「演算法」才是那隻看不見的手，它在定義著我們生活的預設值，編織著那張看不見的「網」。

被改變的習慣：科技發展對社會是好還是壞？

相較於傳統社會，現代文明的一個重要特徵就是獨立、自由、平等這些基本觀念根植於現代個體的生活世界之中。在這層意義上，現代人普遍不再像過去那樣，將政治權力與宗教權力看得無比神聖，以致於他們可以主宰自己的一切——**對現代個體而言，我們堅信只有自己才是真正的主宰**。然而，無論是上面這些生活中微小的事，還是每個人或多或少的個人經歷，似乎都在不斷地隱隱提醒著：我們眞的可以完全主宰自己的生活嗎？我們以爲的那些生活中的日常，完全是出於自己選擇的結果嗎？還是冥冥之中有某種特殊的力量隱祕而精準地影響著我們，甚至塑造了大家生活中的各種選擇呢？

在手機成爲人體器官一部分的時代，各種App背後的演算法在爲我們的生活提供空前便利的同時，也默默影響著每個人的選擇，甚至重新塑造著現代人本身：它在無形中改變我們的閱讀習慣，改變我們接收資訊的方式以及接收的資訊內容。曾經有一個朋友跟我說：「你有沒有覺得，短影音看多了，人都變笨了？」我問：「爲什麼？」朋友說：「我想你應該不太看短影音，你試試就知道了。」

作爲一個社會學研究者，自然不能脫離這個時代和社會，於是，我也開啓了自己的短影音之旅。滑了一段時間後，我發現，說短影音讓人變「笨」有點言過其實，但是短影音的特性及其背後的演算法邏輯本身，是一件值得思考的事情。所謂短影音，其核心是一則影片要在最短時間內「抓住眼球」，讓人停留在這個內容上，從而增加傳播的廣度和寬度，進而帶來以流量爲基礎的變現能力。不僅如此，一旦你在某個短影音內容上停留的時間相對長，平臺就會不斷推薦類似的影片內容給你，哪怕你可能只是無意中停留的時間更長，而不是出於對內容的喜歡。

我們漸漸發現，自己習慣了閱讀片段式的短文章，而不習慣從頭到尾閱讀一本厚厚的書；習慣了看各種短影片，而不願意花時間看一部紀錄片或者電影；習慣了「抖音追劇法」，透過一則三、五分鐘的剪輯影片就可以瞭解一集四、五十分鐘電視劇的劇情。當越來越多的日常生活領域被演算法「統治」的時候，我們或許會追問：被演算法支配的日常有什麼不好嗎？或許更有人會追問：你一個文組生，是不是對演算法有什麼偏見？難道就不能有「向善優化」的演算法嗎？

其實，一種更普遍的共識是：演算法只是一種「科技」方法，它本身無所謂好壞，這就好比核能一樣，既可以用來發電造福人類，又可以製造原子彈毀滅地球。這樣的說法確實在通常意義上是「正確」的，然而問題在於，演算法與核能其實是截然不同乃至無法在這層意義上進行類比的，因爲演算法已經高強度地滲透我們的日常生活。試想一下，如果我們從小到大接收的資訊、習慣的閱讀方式，甚至飲食習慣和表達方式，都在無形中被演算法刻畫，那我們就必須認眞審視一下演算法本身。

＊＊＊

在這裡，需要加以探討的是下面這些問題：演算法本身是不是只是一種科技，並無好壞之分？人類是不是可以發明一種完全向善的演算法，引導人類這個物種邁向更文明、更進步、更道德的階段？

演算法當然是科技，這點毫無疑問，但是，如果就此認定演算法本身沒有善惡、高下、好壞之別，那恐怕就是在「卸責」了。因爲演算法畢竟是活生生的人按照各種目的、依據各種取向「製作」出來的，**演算法背後設計者和製造者的理念乃至價值觀念，在某種意義上決定了演算法本身的運行方向**。其實，第一個問題並不難理解，也沒有那麼重要。假設所有的演算法設計者都是出於向善的目的，也設計出了完全向善的演算法，那就一定會引導我們走向更好的明天嗎？對這個問題，我的答案是否定的，也是悲觀的。

爲什麼這麼說呢？因爲人不只是一種社會性動物，也是一種歷史性動物。放眼人類這個物種的「成長史」，我們就會發現，人類在不同的歷史階段都有過類似的想法與嘗試。在古典時代，人類將「美德向善」與良好秩序的可能性建立在宗教之上，而進入現代後，當宗教高度世俗化，並且完成了「祛魅化」之後，現代人又習慣於將這一願望建立在以「程序正義」爲核心的制度之上。

事實上，人類深知人性本身善惡一體的複雜性，因此在很長一段時間裡，人類都在設想設計出完美的制度。所謂完美的制度，就是一個人不論本心善惡、道德如何、價值觀念如何，只要身處這個制度之中，就可以變成一個合乎規定與完美的「好人」。

簡單來說，現代個體長期處在糾結狀態之中，一方面，自由、平等、獨立等價值觀念深入每個人的內心，現代人處於高度自信的狀態，但同時，也高度不相信他人，「總有刁民想害朕」、「人心不可測」是一種更為普遍的狀態，因此，才需要將秩序問題移交給「去人格化」的制度。在這層意義上，演算法及演算法所建構的世界，與之前我所講到的是同構性的邏輯：實際上，我在前文中舉的那些例子都只限於日常生活，而演算法對整個現代社會的影響遠不止於個體生活。近期非常流行的「元宇宙」和「區塊鏈」，其背後也是演算法，而其底層邏輯亦是以演算法的方式建構一個「去人格化」的秩序。

因此，在某種意義上，「科技中性論」是很容易被我們理解和接受的，只不過，當說出這句話的時候，既要考慮製造這些科技的「人」，也要考慮這種科技所建構的秩序和世界，究竟有著怎樣的本質特徵。因為，套用哈伯馬斯（Jürgen Habermas）所說的「生活世界的被殖民」[17]，如果有一天我們終將被演算法支配和殖民，至少要知道這個殖民者究竟是誰，又有什麼樣的性格與氣質。

演算法的本質：找出行為習慣的最大公因數

讀到這裡，或許大家會很好奇：演算法又不是人，為什麼還會有性格與氣質？錢穆在《中國歷代政治得失》中談到制度史研究這一話題時，明確指出，政治制度史研究的最大難題在於，人們很容易理解制度之利害，而很難理解「制度之理念」[18]。制度也應該是冰冷的，衡量制度的標準就應該是「有沒有用」，它怎麼會有「理念」和「精神」呢？因爲所有的制度既是被人設計的，又是由人執行的，更是作用於人身上的。

接著，我們來討論演算法本身的特質，也認識一下這個未來可能的「殖民者」。作爲一個不懂科技的文組生，貿然討論演算法的本質似乎有些「僭越」。因此，在這部分中，我嘗試從「非科技」的角度來展開討論。

在我看來，至少截至目前，**演算法的本質是捕捉「人類行為偏好的最大公因數」**。演算法的基礎是「數位」，準確地說是「數位化」，或者說是對人的行爲賦予某種價值。只有在賦予價值之後，才能統計背後的資料，而對人的行爲偏好進行統計之後，在大數據的加持之下，這些價值也就不只具有數學上的意義，而具有統計學和經濟學上的意義——商業也好、資本也罷——也才能從中找到獲利的空間與增長點。

＊＊＊

更進一步來說，現在形形色色的App之所以會給我們推播各種同質類型的內容、商品或者資訊，本質上就是因爲它們在不斷依據所捕捉到的這些資料進行統計，進而計算出大多數人對某一類型內容和商品的偏好，演算法也會根據這些統計學意義上的資料進行內容的廣告投放，進而實現經濟學上的收益。這又有什麼問題嗎？在我看來，有一個核心問題需要討論：對一個人的行爲偏好賦予價値，就能代表一個人內心的狀況嗎？比如，一個人在某支短影音上停留了較長時間，就一定意味著他非常喜歡影音中的內容嗎？如果從更底層的邏輯來看，簡單地說就是，一個人的行爲一定可以反映他的內心嗎？

自文藝復興和啓蒙運動以來，隨著自然科學的發展，人類在認識客觀世界和認識自身方面有了突飛猛進的進展，與此同時，人類開始嘗試按照自然科學的邏輯來對「人」這個物種展開研究。人類空前相信自身所具有的「理性」，某種程度上，這也是現代的起點和重要特徵。在自然科學的邏輯下，人的行爲不再是宗教神義論的體現，也不再是神聖君主權力下的某種約束，而是自身內心文明與道德程度的呈現。伊里亞思（Norbert Elias）敏銳地發現了這一點，並且以此爲起點來「解構」現代政治哲學的神話[19]。

在這層意義上，**我們每個人在日常生活中的行為，很多時候是有著特定的「場景」和「劇情」的**。比如說，我在學校上課的時候點漢堡套餐作爲午餐，其實並不是因爲我喜歡它的味道，而只是它最能滿足我當時的特定需求，準時、快速、能補充足夠的熱量；我讓一首流行「口水歌」循環播放了幾天，並不意味著我熱衷於這種音樂類型，只是因爲我以前從沒聽過，所以很好奇，就多聽了兩天。但是，這些特定場景下發生的行爲並不意味著我內心的「熱愛」。

* * *

由此，我們會看到，演算法也好，大數據精準投放也好，其本質都是捕捉人類行爲偏好的最大公因數，在捕捉行爲頻率這一最大公因數的基礎上，再依據現代統計學的相關知識，對這些行爲的數學結果進行分類和對照。但是，我們的行爲體現何種場景，又具有何種意義？這些，至少目前都是數據和演算法不予考慮或者無法考量的。韋伯在探討人類的社會行爲時，曾專門討論社會學應當尤其注意人類行爲本身的「意義」層面，在他看來，一個人的行爲背後的場景乃至意義是需要被「理解」的[20]。然而，演算法是解決不了這個問題的，因爲至少截至現在，對人類內心世界、觀念與道德狀況賦予價值與數據化的工作還存在非常多的困難與盲點。

也許你會說，這個說法不對，不信就去看看那些心理測驗的量表。需要說明的是，我並不否認現代心理學是科學進步的產物，但是我們也必須認識到科學終究只是人類看待世界的諸多方式中的一種。如果仔細看這些量表，與其說量表是在測量人的心理，不如說它們是在透過對個體主觀表現出來的行爲與態度進行價值計算，進而評量心理狀況，更何況其中存在一個巨大的不確定性，就是個體在這個過程中講述的準確性與「客觀性」。

繞了這麼一大圈，舉了這麼多看起來無關的例子，只是想說明一件事，那就是所謂演算法支配問題的本質，**是對現代個體日常生活中的各種行為偏好進行捕捉、賦予價值與統計，進而依照所得到的數據透過各種媒介載體（包括App）對個體進行「廣告投放」**。

更重要的是，如果長時間處於接收「廣告投放」的狀態，我們每個人的生活預設值都有可能被重新定義。

生活世界的殖民化：在現代個體的集體無意識之下

如同前述，德國社會學家哈伯馬斯對現代社會有著非常敏銳的觀察，提出了「系統對生活世界的殖民」這番說法[21]。實際上，這一說法在某種程度上延續了韋伯關於現代世界的「理性化」概念——這些過去的經典社會學思想都從不同角度看到了現代文明的發展趨勢——當人們生活世界的正當性和規範性，從宗教與政治的神聖性回到純粹的日常生活和現代個體本身時，整個現代社會以各種科技手段，以「進步」的普遍觀念，深刻地以「停在表面」的方式重新塑造著人的生活世界，甚至重新奠定現代生活的預設值，這才是生活世界殖民化的本質。

教育與學習的原來「目的」在於激發人的求知欲與好奇心，進而培育人的德性，現代文明卻用一整套圍繞「績點」的獎勵機制，將其變成一場空前的「內捲」競爭，而消耗了身處其中的學習者的熱情；科技的原本目的是探索未知世界，同時爲現代人提供更大的便利、健康與安全，但是其一系列應用於商業的衍生品在無形中既最大限度地滿足了人貪婪、追求效率和趨利避害的本性，又重新定義著我們的生活。甚至，如果暫時捨棄任何價值評判和情緒觀感，只是將「科學」、「理性」、「現代」作爲普通的名詞來看待，那麼，我們會發現這些詞語背後充滿各種非意圖後果，其中最大的非意圖後果在於：**「現代」透過各種制度、話語、科技不斷重新塑造著我們的預設值，還製造了一種現代人的「集體無意識」**。我們認爲，人類社會一定是進步的，必定是一代比一代更好的；經濟一定是增長的；科技肯定是進步且有利於人類的。這些美好的願景已經變成了我們的「集體無意識」，毋庸置疑，人人對其習以爲常。

* * *

回到本章開頭的例子，當一個人經常在演算法的推薦和加持下，因爲懶得下滑頁面而時常點漢堡套餐的時候，當某個人在演算法的推薦下重複隨機聽到「口水歌」的時候，這些會不會成爲日常生活的某種「常態」，甚至培養出一個人的習慣？當一個人習慣了透過短影音追電視劇，習慣了閱讀七、八百字的短文而不願意閱讀長篇的經典名著時，我們所有的日常生活習慣都在默默地產生改變，這些變化如此細微，成了日常，以致於人們無法察覺。這或許才是「殖民化」最本眞的涵義。

本章的內容都屬於基於個人認知的「事實判斷」而非「價值判斷」，換句話說，請大家不要誤解，以爲我是一個反對現代化、反對演算法，甚至反對科學的頑固不化的文組生。於我而言，這根本就不是「對錯」、「善惡」或者「好壞」的問題，因爲現代化作爲一種人類世界面對的普遍趨勢，不是你覺得不好就可以逃避的，特別是當我們已經離不開網路、手機和App的時候。

科技的進步與人類對未知世界的探索從未停止，就像一百年前我們無法想像演算法一樣。若干年後，如果腦機介面等人工智慧科技徹底落實，可能這一章的內容全都會變成廢紙，因爲現代人對未知世界的探索已經不滿足於停在「行爲」表面，而是希望透過更可靠的科技手段眞正重新塑造人的性情、倫理乃至觀念。更致命的是，到那時候，這種塑造已經是直接的物理性塑造。那一刻來臨時，或許就是新的殖民的開始。

第4章

全景敞視：我們的生活是如何邁入「楚門的世界」的？

楚門：隨時被觀看、無所遁形的生活

一九九八年六月，一部名爲《楚門的世界》的電影在美國上映並大獲成功。它獲得了第七十一屆奧斯卡金像獎最佳原創劇本、最佳導演、最佳男配角等多項提名，此外，該片主演金・凱瑞（Jim Carrey）憑藉此片獲得了第五十六屆金球獎電影類劇情片最佳男主角獎。到底是一部什麼樣的電影能夠得到如此之多的榮譽？

在我看來，《楚門的世界》不僅是一部構思巧妙、富有深意的電影，更像是四十年前的「先知」對現代人命運的某種預言。它講述了這樣一個故事：一家名爲歐姆尼康的電視製作公司，在三十年前收養了一名嬰兒，並且刻意培養他，使他成爲全球最受歡迎的紀實性肥皂劇《楚門的世界》中的主角，並一舉獲得了巨大的成功。或許你會覺得，這不就是實境節目嗎？但是，作爲實境節目演員的楚門，自己對此卻渾然不知。也就是說，楚門一直被蒙在鼓裡，他完全不知道自己日常生活世界中的每分每秒幾乎都在被上千部攝影機捕捉，而且每時每刻都在被全世界的人「觀看」。更過分的是，楚門完全不知道自己身邊的妻子、朋友等人其實只是這部劇的演員。

整部電影就是圍繞楚門本人的經歷，以及他後來毅然決然地離開那個叫作桃花島的小城（《楚門的世界》的巨大攝影棚），回歸眞實世界的抉擇所展開的敘事。我之所以說這部電影是對現代人命運的某種「預言」，並不是因爲現在我們的影音平臺上和電視節目中充滿了實境節目，也不是因爲每個現代人都像楚門那樣，身處於一個散發著「虛假」的世界，而是因爲在行動網路、自媒體和高畫質監視器的加持之下，幾乎每個現代人都逃無可逃，像楚門那樣進入了一個被「凝視」的狀態。

＊＊＊

一方面，在這樣個人資料或數位足跡被高密度捕捉的狀態下，現代個體如果出現了各種問題，比如人身受到傷害，財產被偷或者被搶劫，都比之前更容易獲得破案線索。同樣地，這也需要現代人謹言愼行，不去做「作姦犯科」之事，因爲罪犯很難在當今的環境下做到絕對不留痕跡和證據。

另一方面，在這種情況下，人與人之間實際上還處在一種「相互凝視」的狀態。發生矛盾與衝突時，每個人都可以錄製影片，不僅如此，聊天紀錄、錄音錄影等都已經成爲大家隨手可得的日常科技工具和手段，它們不僅有可能會在訴諸司法程序時變成呈堂證供，也有可能成爲群眾熱衷的各種「八卦」。

無論如何，現代人正身陷前所未有的處境之中：**現代社會的最大特質之一就是高密度的異質性陌生人的聚合；同時，為生活在一個時空中的高密度異質性人群提供了最便利的相互凝視的手段**。在這樣的情況下，傅柯在《監視與懲罰》一書中所描述的全景敞視模式（panoption）以新的形態出現在了二十一世紀，它既令人備感安全，又令人備感危險。它爲現代社會的運行提供了新的底層邏輯，也給我們帶來了困惑：我的個人資訊會不會被盜用？我會不會因爲一點點小事而遭受網路暴力？我如何保證私人空間不被冒犯、不被入侵？我可不可以隨意將拍攝的有關「他人」的影片公之於眾？

恐懼的來源：無法揣測的人心

從科技角度來看，現代文明的起源來自包括工業革命、第二次工業革命、資訊化革命等在內的多次技術革新，由此出現人類生產方式、交通運輸方式及資訊傳播方式的巨大變化，更使得「科技」成爲高速發展的推進器。而如果從觀念與文化的角度來看，現代文明則可以追溯到文藝復興與啓蒙運動——它們讓人們意識到，自己既不是神的附庸，也不是君主的附庸，而是獨立的歷史個體。不僅如此，文藝復興和啓蒙運動還帶來了一個影響非常深遠的「副產品」，那就是**人們越來越相信，科技的進步有助於人類文明的進步，科技高速發展是人類社會的福祉**。

然而，當手機已經成爲人的體外器官，VR科技越來越發達，我們每個人都可以隨時隨地接收來自世界的資訊時，現代人卻突然開始面對來自靈魂的拷問：科技的進步眞的有助於人類文明的進步嗎？科技發展眞的是人類社會的福祉嗎？

遍佈大街小巷的高畫質監視器，從邏輯上來看，確實可以給我們提供更強的安全感。因爲從理論上來講，我們每個人的足跡都很難再變得「來無影去無蹤」，它們可以最大限度地震懾犯罪分子，也可以最大限度地爲確定嫌疑人和追捕罪犯提供重要線索，但與此同時，它們也帶來了一系列的非意圖後果。

我們擔心自己的個人資料被洩露並被用於不法用途。現在幾乎每個人都會接到形形色色、莫名其妙的騷擾電話。做金融信貸的會說：「您需要貸款嗎？」做房仲的會說：「海邊的別墅您有考慮嗎？」這些騷擾電話都還算是友好且善意的，因爲還有各種帶有惡意的騷擾電話，比如「你是〇〇〇嗎？我這裡是〇〇〇警察局，有一個案子與你有關，還請……」，這類就屬於嚴重詐騙性質的電話了。當接到這類電話的時候，無論它是否善意，我們都會意識到一個問題：至少自己的手機號碼和姓名這兩個關鍵訊息，在無意中被洩露了。近年來，涉及隱私洩露的資安事件層出不窮。二〇一八年九月，Facebook（臉書）被揭發出因爲安全系統漏洞而遭到駭客攻擊，導致三千萬使用者的資訊被洩露，其中有一千四百萬使用者的敏感資訊被駭客獲取，包括姓名、聯繫方式、搜尋記錄、登入位置等。

如果說以上案例還只是停留在某種「顯性」的資訊捕捉上，那麼，隨著臉部辨識科技的發展和普遍應用，基於人體生物學特徵進行的資料蒐集情況已經越來越常見，人們開始擔心自己的隱私會有更大的洩露風險。浙江理工大學的郭兵和清華大學的勞東燕兩位法學學者，都針對臉部辨識系統的保護提出過建議。勞東燕認爲，從法律層面來說，如今對生物辨識系統的保護遠遠不夠，而且臉部資訊的濫用可能造成大量的隱私洩露，產生許多事故和糾紛[22]。

＊＊＊

現代人就這樣處在一個極端矛盾的狀態中：一方面，我們希望監視器越多越好，似乎這樣一來，就可以提升每個人生活的安全感；另一方面，我們對個人隱私隨時可能被蒐集、被利用，乃至被暴露充滿恐懼和擔憂。這種充滿內在張力的生存狀態，實際上普遍存在於每個現代人的生活世界中。面對帶有一點「思覺失調」色彩的人，我們一定會想到的一個問題是「怎麼辦」，大多數人會從科技、政策、制度、法律等角度思考應對之策，比如，加強包括人的生物特徵等在內的個人資料的保護，加強產業監控等等。然而，本章無意從上述角度展開討論「怎麼辦」的問題，而是嘗試去回答「爲什麼」：**為什麼現代人會出現這種對「凝視」的依賴與恐懼並存的狀況？這種狀況到底意味著什麼？**

我們爲什麼會期待甚至依靠遍佈大街小巷乃至生活角落的監視器來提升安全感呢？原因很簡單——「人心不可測」。現代社會生活最大的特徵之一便是高度的流動性，生產的發展、商業的繁盛及交通工具所帶來的便利，爲快速、持久且大規模的空間流動提供了物理基礎，而獨立、平等、自由等觀念則大範圍構成了「我的生活我做主」的觀念基礎，兩者疊加，造就了一個直接的後果便是一個時空範圍內，人際異質性高度增加了。

傳統社會整體而言是一個「熟人社會」，人們生活、交往的地區範圍相對狹窄，同時，在日常生活中，人與人之間的「信任機制」實質上屬於倫理範疇：要不依賴血緣倫理形成的關係，就是基於地理位置形成的情誼紐帶，或是基於共同的宗教信仰和教區劃分形成的宗教連結。這些構成了傳統社會人際信任的基礎。而上述信任機制的重要共同點就是大多不需要依靠「外部性機制」，考驗的是被認爲「不可測的人心」，其基礎出發點在於「人之初，性本善」的預設，也來自於同一時空中共同生命歷程所建立的經驗感。

然而，當現代社會來臨後，人們進入具有高度異質性和高度流動性的社會狀態，隨之而來的是人際交往的變化。除了家人，現代人在日常生活中更需要與高度異質性的陌生人交往，彼此分工協作，同時也激烈競爭。由於個體之間缺少天生的內在性關聯，所以在人際信任層面存在著更強的不確定性，同時也存在著嚴重的資訊不對稱性。由此，**在現代社會中，人們更加依賴法律、契約等外部性要素來建立或維持關係。**

英國思想家洛克（John Locke）的名著《政府論》實質上就是圍繞這一問題展開的。

洛克指出，在最初人類社會的自然狀態下，人與人之間更多依賴某種「自然法」共存，但是自然法並不是明文法規，缺少足夠的約束力，因此，人類很容易從「自然狀態」進入殘酷的「戰爭狀態」，爲了避免或者走出戰爭狀態，人們需要達成契約，並以明文法規的方式界定人與人之間的關係，這也是現代政府的起源[23]。

＊＊＊

以上是現代社會運行的基礎邏輯，有了這種結構性變化和基礎性特徵，前文提到的依賴與恐懼共存的狀況就更容易理解了。實際上，它們皆來自對「人心深不可測」的考量：一方面，既然趨利避害是人的本能，人性中又天生蘊含著「惡」，那麼，「總有刁民想害朕」更容易變成現代社會的普遍狀態，或者說是一種基於自我保護而出現的潛在預設。因此，一個社會充滿凝視而透明，至少在行爲層面上是爲了震懾那些危險的個體，這也是對社會的一種保護；另一方面，由於「人心深不可測」，如何保證掌握大量個人資料的人和機構不私自挪用它呢？就算個人資料沒有被惡意用於推銷、詐騙，那在一個借助各種平臺和監視器相互凝視的社會中，個體又如何保證自己的隱私不被偷窺、被洩露？如何能夠保證你的一個舉動和行爲不被偷拍、被截取進而遭到斷章取義？**當芸芸眾生處在相互凝視的狀態之中時，整個社會的不信任感便會無限疊加。**

在現實生活中，無論是人的語言還是行爲，都是有具體情境的，有來龍去脈和前因後果，但是在相互凝視的狀態中，這些情境很容易在有意無意間被虛化或者被省略，留下的，只剩「片段式的行爲」本身。儘管每個人心裡都清楚，一個人的行爲是無法直接等同於一個人的主觀意願，但是，大家在作爲旁觀者而不是當事人的時候，又往往只願意也只能夠按照行爲去揣測動機，這是恐懼的另一種人性來源。

因此，恐懼和依賴這種矛盾，本質上都來自對他人內心狀況（比如道德、信念、價值等）的不信任。也正是在這樣的前提下，現代人漸漸走在成爲「楚門」的路上。

規訓：無孔不入的支配

成爲「楚門」意味著什麼？代表現代人將隨時被觀看、被捕捉？還是像美國社會學家高夫曼（Erving Goffman）所講的那樣，每個人的社會生活無非是一場扮演自身社會角色的戲劇[24]？難道這就意味著「人生如戲，全靠演技」？在這裡，上述問題都不在我們的討論範圍之內。一個眞正有趣而根本的問題是，在「人心不可測」和多種「原生性人際紐帶」衰退的境況下，由「人」所組成的社會，究竟如何形成秩序？誠然，依靠政府、法律和契約是洛克已經給出的答案，也是現代生活的基本常識，但是，從社會的生命歷程來說，現代人是如何走到這一步的？對個體的生命體驗而言，現代社會的基礎又意味著什麼呢？要回答這個困惑，我們就需要求助於法國思想家米歇爾·傅柯。

騎兵士官布頓（Bouton）留下了這樣的記載：「有人燃起硫磺，然而火是這麼一丁點，以致於只是些微燒傷了手背上的表皮。接著，一位行刑者，雙臂的袖子高高捲到手肘以上，拿著長約一呎半的特製鋼鉗，先是朝他的右小腿肚夾，接著是大腿，再由此夾上右臂內側的兩處；接著去夾乳房。儘管塊頭大又孔武有力，這位行刑者要把在同一處用鉗子邊扭邊鉗了兩三次的肉扯下來可沒那麼容易，他所能做到的，只是在每一處造成一枚六里弗爾埃居幣這麼點大的傷口。

在這些鉗刑之後，不斷叫喊卻沒冒出什麼褻瀆之言的達米安抬起頭，看著自己。同一位鉗刑者用鐵杓從鍋裡舀了滾燙的化學藥劑，大量地淋在每一道傷口處。然後，有人用細繩繫上用來套住馬匹的轡繩，然後再順著大腿、小腿及手臂將這些馬匹與四肢綁起來。■[25]」

上面這兩段文字出自傅柯的名著《監視與懲罰》，它所描述的乃是中世紀的歐洲對待犯人的一種刑罰方式，更重要的是，這種單從文字閱讀上就能讓人感受到疼痛的酷刑，在當時還是對大眾公開的，就如同傅柯所說，這是一種「公開的酷刑」。然而，傅柯卻發現，隨著整個社會歷史進程的發展，這種公開的酷刑逐漸消失，取而代之的是下述有關罪犯監獄生活的詳細規定：

「第十七條：受刑人的一日在冬季時間開始於晨間六點，夏季時間開始於晨間五點。每日勞動九小時，全年相同。每日二小時用於受教。勞動及每天生活在冬季時間結束於晚間九點，夏日時間結束於晚間八點。」……「第二十條：上工。夏日時間在五點四十五分，冬日時間在六點四十五分，受刑人到大院集合，他們在此洗臉及洗手，領取一次晨間發放麵包。緊接著，他們按廠區整隊上工。夏日時間勞動，開始於六點，冬日時間，開始於七點。」[26]

傳柯羅列這些歷史資料，描摹歷史畫面，是因爲他要分析的正是這種「變化」背後的社會學意義。一般認爲，這種公開酷刑的消失是人類文明程度與道德水準的進步，但傳柯卻有著另外的觀察角度。

在他看來，這其實本質是「權力」機制方面微妙而巨大的變化。在公開酷刑的時代，這些酷刑之所以要足夠慘烈，也必須被大眾看到，是因爲它們可以發揮震懾人心的作用，讓人心生恐懼。然而，隨著科學、理性的進步，現代人似乎越來越相信一件事，即權力機關是可以透過對人的科學規訓，使得一個人的行爲符合社會秩序的要求，而這種規訓，對於一般人來說，主要來自家庭教育、學校教育以及公民教育；對於犯罪者來說，則主要透過監獄和現代刑罰制度完成。

在這本書中，傳柯描述了這樣一種形態的監獄：四周是一個環形建築，中央是一座瞭望塔。瞭望塔有面向環形建築內側的大窗。環形建築被分成許多小囚室，每個囚室都貫穿建築物的橫切面。各囚室皆有兩扇窗戶，一扇對著裡面，與塔的窗戶相對，另一扇對著外側，能使光線從囚室的一端照到另一端。然後，所需要做的就是在中心瞭望塔安排一名監視員，在每個囚室裡關進一個囚禁者，可能是病患或罪犯。透過逆光效果，人們可從瞭望塔與光源恰好相反的角度，觀察四周囚室裡被囚禁著的人影。這些囚室就像是一個個小籠子和小舞臺。在其中，每個「演員」都各具特色並曆曆在目。敞視建築的結構在安排空間時，使之可以被隨時觀看和一眼辨認[27]。

這種監獄被傅柯稱爲「全景敞視」，他眞正要討論和揭示的其實並不是監獄本身，而是將其作爲一種對現代社會的隱喻。實際上，傅柯所描繪的這種監獄的最大特色便是置身其中之人的「**行為的可見性**」。無論是建築結構還是其中每個囚室的光線設計，或是對其中人員的安排機制，都是以「可見性」爲宗旨，身處其中的人實質上都變成了行爲意義上的「透明人」。於是，無聲的、對行爲的凝視和由此展開的規訓，取代了過去痛苦而激烈的肉體刑罰，構成了現代社會中最重要的懲罰機制。

不僅如此，全景敞視的監獄及其刑罰制度除了可見性，還有一個重要的特徵，那就是對行爲的「**調節性**」，從某種程度來說，它甚至帶有某種「矯正」和「治療」的特性——

正如前文所提到的監獄有明確的作息時間表，它實質上是現代人用以規訓罪犯的工具。在這制度中，每個人必須在規定時間上按照具體要求做出合適而正確的行動，而其中的每一個行動都可以被監督者所觀看。因此，在全景敞視監獄背後，實際上是一整套體系，同時，這一體系還有著一系列預設值和前置性假設。

首先，經歷了文藝復興和啓蒙運動的現代人相信，一個人的行爲本身可以反映他的內心，即他的道德水準、價値觀與文明水準。

其次，如果一個人做出了違法犯罪行爲，那麼，這意味著他的內心狀況與現代社會對個體的預設和秩序對個體的要求有段距離，這種行爲也就是所謂的「失序行爲」和「越軌行爲」。因爲現代文明以「理性」和「科學」爲自身的標籤，而傳統社會那種對罪犯的肉身進行暴力懲罰的方式在理性科學面前，自然而然就被淘汰了。

最後，現代性對於破壞公共約定與公共秩序的人，一樣要根據不同程度進行懲戒，但是現代社會的這種懲戒是以「治病救人」爲目標，現代人相信，透過對個體行爲的規訓可以實現對靈魂的拯救和對人的改造。這便是現代文明照拂下的懲罰制度。

＊＊＊

也許你會好奇，傅柯所講的全景敞視不是針對監獄嗎？頂多延伸到刑罰體制，哪裡和現代社會的隱喻有關呢？仔細想一想，傅柯在《監視與懲罰》一書中所描繪的場景，其底層邏輯恰恰是現代社會的運行機制。

可能將現代社會比喻成這種全景敞視建築多少會令人不適，但現實是我們已經有了比傅柯所描述的全景敞視模式更隱祕、更先進、更準確的科技做支撐，同時，也有更發達的語言系統和更科學的知識系統做爲正當性基礎。在「行爲科學」範疇內有許多學科，其內在帶有「規訓」的意涵，這些學科當然都是人類知識進步的體現，但是傅柯在《監視與懲罰》中告訴我們：**現代社會的本質，是權力的運作**。這裡的「權力」，並不是通常意義上所講的政治權力或者有權有勢的「權力」，在現代社會中，知識系統本身也會在無形中成爲權力構成很重要的一部分。

個體從出生開始，實際上就開啓了自身的「規訓之旅」。我們從小開始接受各種教育，家庭教育、學校教育、職業訓練及社會教育，這些教育無論形式如何、時間長短，都是以訴諸內心、塑造心靈、培養道德爲目標，然而，上述這些目標在現代社會的具體情境下，最終都只能透過一個人的行爲是否合乎規範進行判定。一個人的品德是否高尚，道德情操是否得到了陶冶，正常情況下也不能透過「言」而要透過「行」來判定。甚至，隨著知識普及，尤其是關於人的知識越來越受到重視，人類還嘗試在行爲觀察與內心判定方面設定更多可測量的因果性關聯機制。在這層意義上，現代社會中遍佈大街小巷的監視器、掌握在個體手中的手機，都加強了這種「相互凝視的社會狀態」之形成。因此，無論多麼不願意承認，全景敞視模式作爲一種社會狀態，都已經成爲了我們生活世界的基礎。

難以逃亡：停在表面的世界

全景敞視模式這種社會狀態會帶來怎樣的非意圖後果呢？

傅柯曾經用「停在表面」來形容現代社會。這四個字從傅柯口中說出來，自然有著抽象的哲學意義，但是這四個字是最精準的。所謂停在表面，在我看來，是指現代人以及現代社會，幾乎所有的機制都是圍繞「**人的行為**」這表面現象來展開和設計的。

監視器捕捉行爲、記錄行爲、判定行爲，進而展開司法審判或者大眾的道德輿論審判——無論是代表著公共秩序和公共權力的司法體系、警政體系和刑罰體系，還是代表著「私」權力的個人手機訊號及各式自媒體平臺，在這個過程中，更多是依靠對行爲的判定來揣測、推想，進而裁定人的動機。當然，這之中有個重要差別在於，司法審判在大多數情況下主要依據行爲做出判定和裁決，而動機並非其中的主要因素。但是在大眾借助網路所展開的輿論審判中，則更多會出現「壞人」、「爛人」、「渣男」、「渣女」這樣的字眼，實質上是圍繞內心而非行爲來進行的道德審判，也就是我們常說的「殺人誅心」。

現代人總是處在一個矛盾的狀態中，很多時候，我們從事實和科技的角度來看，只能「停在行爲表面」，**但是大眾又往往不會滿足於「停在行為表面」，因此，才會出現聲勢浩大的道德審判**。我們無法武斷地說，究竟是「停在表面」更好，還是「殺人誅心」更佳，我們能討論的是這兩種效果的社會成因及其各自的後果。

停在行爲表面，是現代社會的基礎規則，這是由現代社會中的科技所決定的。它被冠以科學、理性、客觀，因爲只有對行爲的描述才是最「客觀」的，比如：什麼時間、什麼地點、誰和誰做了什麼等，但是對客觀行爲所蘊含的主觀意義、動機、情感等，無法做到完全「客觀」的解讀，即使是當事人做出的自我陳述，也不一定完全爲「眞」。

因此，現代人只能以「行爲」爲中心進行捕捉與裁量，這會造成什麼樣的結果呢？如果我們每個人都是「楚門」，而且都是知道自己將有可能被捕捉行爲、被凝視的「楚門」，那我們會處處小心，言談舉止盡可能表現得體與合乎常規，以此來展現自己的高尚內心。於是，我們每個人即便不是明星，也都會在無形中建立自己的「人設」，而個體的某些不當行爲被看見進而被傳播的時候，就是人設崩塌的時刻，也恰恰就是周遭的人拿起「誅心利刃」的時刻。

全景敞視下的現代社會，在以科技提升全體成員安全感的時候，也因爲將每個人置於那些凝視的光線之下，無情地削弱著全體成員的安全感。身爲現代人，無論你是否同意，事實上你都已經邁入了「楚門的世界」。

傅柯有一篇很有名的短文〈聲名狼籍者的生活〉，又譯爲〈無名者的生活〉，他在這篇文章中寫道：

這束光來自另外的地方。這些生命想要身處暗夜，而且本來也應該留在那裡。將它們從暗夜中解脫出來的正是它們與權力的一次相遇：毫無疑問，如果沒有這次撞擊，對他們匆匆逝去的短暫一生，不可能留下隻字片語。權力埋伏在那裡，守候著這些生命，監視著它們，追蹤它們，權力也會關注它們的抱怨和牢騷，哪怕是偶爾；權力的爪牙依然會襲擊它們，在它們的身上留下權力的烙印[28]。

在資訊科技的加持下，透過網路互相連結的我們，透過自媒體彼此窺視的我們，都已經從暗夜中解放出來，暴露在權力之光中。同時，此刻的每個歷史個體都掌握著權力的光源。

第5章

網路暴力：

網路酸民是如何產生的？

暴戾：網路輿論的道德審判是否客觀？

二〇一二年，一部由陳凱歌編劇和導演，許多知名演員參演的電影《搜索》正式上映，這部電影在當時似乎並沒有獲得非常耀眼的票房成績，在豆瓣網站獲得的評分是七．四，一個中規中矩的分數。然而，這部電影卻給我這個電影迷留下了非常深刻的印象。以個人的觀察，這部電影在我看過的形形色色電影中無論是拍攝手法、思想深度還是演員表演，確實都談不上頂尖，相比於陳凱歌導演的成名作《霸王別姬》，這部電影無論從故事的「力度」上還是從思想的「銳利度」上都過於平淡和日常。但是，在我看來，它以一種平實的口吻講述了幾乎每個現代人都會遇到的一種境況：充斥在整個社會大眾層面的暴戾之氣，以及基於新科技之下的網路暴力。

我們先回到這部電影本身。

《搜索》上映時，社會雖然已經進入了網路時代，但是無論從科技上來看，還是從行動網路對日常生活的滲透上來看，都遠不如現在這麼徹底。但是這部電影超前地呈現了一個現在看起來非常普遍的「社會事實」，即人肉搜索與網路暴力。

這部電影以一個平凡的故事爲開頭，片中女主角葉藍秋遭遇了可怕的人肉搜索和鋪天蓋地的道德譴責。事情的緣起是她在乘坐公車時，不僅沒有主動及時讓座給一位老人，反而當老人向她「要求」讓座時，語言輕慢，出言不遜，而這種發生在日常生活場景中的事件，卻被同車的路人用手機拍攝了下來，並在網路上公之於眾。於是，目睹這一事件的眾多路人的樸素正義感和道德感便迅速傳播開來，引發了大眾鋪天蓋地的輿論譴責。更嚴重的是，這個日常生活中的道德瑕疵經由網路這一「情緒放大器」的催化，引發了眾人對主角的人肉搜索，在手持放大鏡的網友共同努力下，故事主角的情感生活、婚姻狀態、職業生涯等幾乎全部隱私都被曝光於街頭巷尾，成爲不明眞相的群眾茶餘飯後的話題。

不僅如此，這事件還被當地電視臺的熱門節目《今日事件》敏銳地捕捉到，更使得它變成了全縣市熱烈討論的爭議事件。處於輿論漩渦中心的主角不堪其擾，不僅她自己的身心受到了巨大的摧殘，她在職公司的企業形象，以及該公司正在進行的重大談判專案也受到了影響。

然而，就如同現在的「吃瓜群眾」經常會發出「確定這八卦正確嗎？」之類的戲謔一樣，電影中呈現的這個事件也幾乎毫無疑問地遇到了反轉。實際上，當時出言「調戲」要求讓位的老人的葉藍秋，在踏上公車之前，剛剛在醫院拿到了「死亡判決書」——她被確診爲淋巴癌末期。換言之，她在這樣的情況下搭上了那輛公車，呆若木雞、六神無主地坐到了那個位置上，也是在這樣的情況下「出口傷人」的。

＊＊＊

我將這部電影放在本章開頭，並不是要對電影故事其中的是非對錯做出道德與價值評價——按照至高的道德水準來講，一個高尚的人不能因爲自己身患絕症就不「敬老尊賢」——這部電影一直留在我的腦海中也並不是出於這樣的原因。在我看來，這部電影以平實的敘事敏銳地捕捉了現在大量出現的「社會事實」：類似影片中出現的毫無節制與約束的網路暴力。

當今的網路世界中，每個人手中的智慧型手機既是資訊的蒐集器，也是新聞的來源者。在這樣的情況下，擁有智慧型手機的現代個體，幾乎可以隨時隨地知曉發生在世界上任何角落的事情。在資訊爆炸的狀態下，一個距離自己十萬八千里、在現實生活中與自己毫不相關的陌生人的故事，一旦被大眾逮到其中的敏感點，就會變成「熱門新聞」而進入大眾的輿論場之中，甚至有可能經歷一場以社群平臺爲基礎的「公審」，就如同《搜索》中的葉藍秋一樣。更重要的是，在這場審判中，整個事件是沒有具體情境的，同樣，被審判者在很大程度上成了「失語者」。

與訴諸司法審判的犯罪行爲和民事糾紛不同的是，**在網路輿論場的道德審判中，許多當事人既無主觀動機，可能也無客觀事實**。因爲被捕捉到的事實很多時候都是沒有來龍去脈、缺少前因後果的片段，而當大眾的情緒普遍被點燃之後，網路暴力自然就氾濫成災，網路暴力的施加者們還獲得了一個帶有反諷意味的稱謂——「網路酸民」。如果說「網路酸民」最初出現還是源於對事件本身的道德義憤，那麼隨著行動網路的大規模普及，以及短影音、臉書、ＩＧ等社群平臺的飛速發展，網路酸民與暴力已經越來越氾濫。

二〇二二年十一月七日，一則令人難以置信的新聞在各個平臺上傳播開來。河南某所高中的歷史教師猝死家中，後來這位教師的家人收到了當時正在上線上課程的學生提供的相關資訊：該教師在家中替學生遠端上課時，遇到了駭客的入侵和攻擊，大量非課堂人員闖入該教師的線上課程，在教學平臺上播放音樂，在共用螢幕上打字，並多次對該教師進行辱罵[29]。

誠然，上述新聞屬於網路暴力中的極端事件，或許也並不屬於網路暴力的主要類型。但是身爲生活離不開網路的現代人，不得不正視一個問題：我們每個人都可能成爲網路暴力的受害者，也可能在不經意中成爲網路暴力的加害者。在這種情況下，無論是法律工作者還是公共政策研究者，都試圖透過完善政策法規等方式來解決網路暴力所帶來的危害，「網路不是法外之地」成爲大多數理性之人的預期。在本章中，我並不想圍繞「對策」展開過多討論，反而想追問以下一系列問題。

網路暴力究竟爲什麼會如此氾濫？現代文明的基礎是個體理性的啓蒙與覺醒，從邏輯上來講，網路科技的進步，不是應該給人的理性提供更廣闊的空間和更公開透明的平臺嗎？不是應該讓我們比之前更有條件接近公共事件的眞相嗎？爲什麼不僅這些預期沒有完全實現，事情還走向了它的反面呢？難道這眞的是現代性的濫觴？網路酸民又究竟是如何誕生的？

失真：去脈絡化的表達方式

現代社會有別於傳統社會的最典型特徵是：它是個功能分化程度非常高的龐大系統。現代社會如同一台精密運轉的機器，身處現代社會的個體如同機器中的齒輪與環節，相互依存。然而，網路時代的到來，將現代社會的這種系統性推向了極致。因爲工業邏輯作爲現代社會運轉的最底層特質，依然高度實體化，人與人之間的協作也好，競爭也罷，儘管以機器爲媒介，但總是存在於客觀的眞實物理世界之中；當網路成爲現代社會的科技架構和生活方式之後，人與人之間的社會關聯演變成了一種高度依賴符號化媒介的虛擬交往。

在網路世界中，一方面，人們獲取資訊的速度及強度與以往大不相同；另一方面，現在的資訊傳播擺脫了過去的資訊壟斷，每個人理論上都可以透過網路成爲資訊的發佈者與新聞、謠言的製造者。在這樣的情況下，現代個體生活在一個被爆炸式的資訊淹沒的輿論世界中，而這些資訊又都是透過語言、文字、影片等符號媒介迅速傳播的。再加上現在的影片畫質越來越好，網速越來越快，虛擬模擬技術不斷實現突破與革新，這些都使得虛擬世界和眞實世界之間的邊界越來越模糊，甚至給人一種能以「去中心化認知」取代直接經驗的錯覺。

在網路的虛擬世界中，「眼見爲憑」依然被大多數人所相信。但是現代人忘記了一點，就是我們在網路世界中用眼睛「看到的眞實」，實際上是被符號化的事實片段。同一個行爲放在不同的情境中，會有不同的解釋脈絡；同一個行爲用不同的語言符號表達出來，會有完全不同的效果。或許有人會提出這樣的疑問：按照這個邏輯，豈不是沒有「客觀」角度可言了？

我們不妨先來討論一下這個「元問題」。究竟何謂客觀？在自然科學領域中，這個問題相對容易理解，而在人文社會科學研究的視野下，「客觀」這兩個字很容易讓事情變得索然無味。爲什麼要用「索然無味」來形容呢？當我們說「這件事是客觀發生的」時，我們在說什麼呢？比如，張三在公車站等車，突然他毫無徵兆地朝同樣在等公車的李四衝了過去，並對李四進行毆打，這一切都被監視器拍了下來。所謂對這件事的客觀表述，就是對時間、地點、人物、行爲進行準確的描述，但是即使我們把這些講得非常清楚，不加油添醋地如實記錄和表達出來，這件事也等於沒有被表述。爲什麼呢？因爲還有一些未知的問題待解決，像是：張三和李四是否認識？張三爲什麼毆打李四？兩個人過去是有恩怨的嗎？仇人相見格外生氣？還是本來是路人，但在等公車時發生了爭執，進而演變爲肢體衝突？又或是張三和李四素昧平生，也未起衝突，張三單純是因爲反社會人格而對李四進行了無差別毆打？

簡單來說，這個行爲發生的時間、地點、過程可以是客觀的，但對這個行爲發生的來龍去脈、前因後果及主觀動機的解釋，很多時候只有當事人才眞正清楚。那麼網路的各種傳播機制對我們弄清這件事有什麼幫助呢？我們會發現，網路的重要積極作用是讓這件事被公之於眾，形成公共討論，引發大眾關注，進而引起相關部門的介入，僅此而已。但網路的消極作用是，每個旁觀者在轉述這件事，或者將影片內容進行編輯、剪接的過程中，出於各式各樣的目的、動機或者潛意識，可能對其進行斷章取義的剪輯，也可能對其添油加醋後再轉述。**但無論是否存在主觀動機，這種傳播機制本身就是極度「去脈絡化」**的。

我們都知道，即便是兩個人在眞實世界中面對面互動，也有「言不及義」、「詞不達意」乃至「三觀不合，不相爲言」的種種溝通障礙，以及「不如意事十之八九，可與人言無二三」的喟嘆。實際上，之所以有這樣的喟嘆，並不是因爲「社恐」是一種現代社會的常見症狀，本質上是因爲人們往往很難理解他人具體的身心處境，很多時候，人與人的對話是無法共用語境和意義系統的，而網路作爲科技媒介的出現，更加劇了這種「去脈絡化」的狀態。

同時，在一個「流量爲王」的時代，爲了在高度內捲的「資訊競爭」中脫穎而出，獲得更大的瀏覽量，用標題吸引注意、掐頭去尾、斷章取義成爲常見的操作方式。比方說，我們經常會在網路上看到類似的標題：「娛樂圈曝驚天醜聞！」「震驚！他竟然是這樣的人！」「人設崩塌的○○○！」

這種講述故事和傳播資訊的方式在最大限度吸引眼球的同時，也最大限度地刪除了事件發生的具體情境，就如同電影《搜索》中的故事一樣，無論是拍攝不讓座影片的同車路人，還是在看到影片後站在道德制高點肆意批評的「網路酸民」，都對這件事處於「去脈絡化」的理解狀態之中。實際上，「己所不欲，勿施於人」不僅是經典的訓誡，也是大多數人都能理解與認可的日常。然而，「己所不欲，勿施於人」的前提是人與人之間可以「推己及人」，相應地，亦可以「推人及己」，這也就是我們常說的將心比心。

因此，如果陷入《搜索》中主角葉藍秋那樣的處境，捫心自問，我們會比葉藍秋做得更好嗎？我們會表現得更得體、更妥善嗎？我並不是說葉藍秋的做法在道德上是合宜的，但是如果加上「剛剛被診斷爲淋巴癌」這個具體情境，她的行爲和反應或許可以被理解，也是可以被寬容的，因爲對每個人來說，被宣判醫學意義上的「死刑」之後，恐怕都會處於一種非正常狀態。

因此，網路科技的出現、發展及飛速的反覆運算，以及隨後一系列衍生物的出現（比如影片網站、社群媒體等），客觀上實現了麥克魯漢所說的「**媒體是人的延伸**」的預言。在這層意義上，媒體不只是人的延伸，而且是人在虛擬與眞實空間中的「無限」延伸，對個體而言，它將「無限世界」的可能性變成了現實。然而，現代人在享受「無限世界」帶來的主宰感和主體性的時候，也要承受它帶來的另一種痛苦：當洶湧的資訊撲面而來，每個人都只能在有限的時空中選擇性地接收資訊，而現代人的一大特徵便是主體意識前所未有地覺醒，因此我們在傳播資訊的時候，也會將主體意識摻雜其中。在這來來回回的過程中，事情本身的時空情境和當事人的身心情境都被「替換」成形形色色的主體意識，因此也形成了一種「去脈絡化」的表達機制。**這種機制越嚴重，現代人對事件的理解就越失真，同時成為充斥「豐沛情緒」和「抽象意見」的網路暴力的溫床。**

* * *

社會學教授葉啓政在分析現代社會中的大眾狀態時，敏銳地觀察到，在傳統時代，大眾本身具有宣洩、縱欲、任性乃至桀驁不馴的特質，而進入現代後，組成大眾的現代個體安裝了名爲「理性」的文明機器，但是這並不意味著「理性」眞的可以馴服大眾的這些動物性特質，反而會衍生出一個奇怪的歷史現象：「一旦他們被供奉成爲確立權力或者正當性的來源，同時也成爲行動主體來決定整個歷史傾向（如法國大革命）的時候，無疑地，這樣的大眾是一匹脫了韁的怪獸，幾乎無以駕馭，因爲人們所能做的，只是根據他們所被認定（或想像）的意象，盡量地討好他們。[30]」

在這樣的狀態下，網路作爲技術媒介和生活方式的底層基礎，爲大眾提供了一個新的、便利的宣洩空間，而由於網路本身的無邊界和資訊爆炸的特性，更容易使個體的理性不斷膨脹，甚至走向非理性的「集體無意識」狀態。

正義：短連結的理性

清朝名士錢大昕曾經寫了一篇名爲〈奕喻〉的文章，其中有一句話是這樣說的：「理之所在，各是其所是，各非其所非，世無孔子，誰能定是非之眞？」如果將這句話放在現代的語境中，大意就是：在如今這樣一個價値多元的社會狀態下，每個人都會堅持認同自己認爲對的東西，也都會堅持反對自己認爲錯的東西。像孔子那樣的權威已經不在了，又有誰能確定絕對的對錯？

儘管跨越了幾百年的歷史時空，但錢大昕這句話對現在的網路世界來說，似乎相當適用。你可能會認爲，在這種去脈絡化的狀態下，大眾很難眞正瞭解全部的眞相，按照這個邏輯，那是不是世間再無基本的善惡是非界限？如果每個旁觀者都因爲不能確定自己看到的事情和接收的資訊是完全眞實的，那豈不是會出現「集體冷漠」？這種集體冷漠會不會對整個社會造成更大的傷害？

當我們按照這個邏輯來思考問題時，我們才眞正在觸碰現代社會的「眞相」。現代性給現代人提供了一個極爲矛盾的狀態：一方面，以理性爲標竿的現代人應具備最基本的善惡是非觀，應該如同韋伯所講的那樣具備「理智、清明與審愼」；另一方面，不能完全因爲「理智、清明與審愼」而變成沉默的多數。這種兩難的狀態其實隨著現代媒體的發展已經擺在了人類面前，只不過傳統媒體的基本形態包含廣播、電視、報紙、雜誌，某種程度上都是單向的資訊生產與資訊傳播機制。媒體業的高度專業化特質使得其受眾並不廣泛，其從業者也只是少數，因此這種資訊傳播機制依然是一種「資訊壟斷」。

行動網路時代則徹底打破了這種資訊壟斷，形成了多中心甚至是分散式的資訊散佈狀態——每個擁有智慧型手機的人，理論上都是一個獨立的資訊散佈來源。這種分散式資訊傳播的情況，又是透過什麼樣的機制塑造出網路暴力這一非意圖後果呢？

在我看來，除了前文提到的「去脈絡化的表達」，網路狀態下形成的現代個體的「短連結理性*」在其中起了重要的作用。

回到理性這個詞本身，現代文明的肇始，最遠可以追溯到文藝復興和啓蒙運動，正是這兩者實現了將看得見的人從「看不見的神性概念」中解放出來，個體價值、個體意志前所未有地被尊重、被認可；相應地，自然科學的快速發展將人與自然物*區分開來，隨之出現了專門針對自然物展開研究的學問系統——「科學」。後來，人們發現，科學的邏輯不只可以應用於對自然物的研究，也可以應用於對人的研究，於是，人文社會科學開始在現代學問體系中興起並漸漸壯大。**隨著經濟加速發展、宗教世俗化程度加深、教育更加普及，人們越來越相信個體的理性，也越來越相信基於理性產生的參與社會事務的權利**。於是，儘管有著不同文明和歷史傳統的國家也有著不盡相同的政治制度，但是幾乎所有現代國家都將平等、自由與獨立作爲基本價值。

那麼，究竟何謂理性呢？對這個詞的解釋，可以說是眾說紛紜。如果我們不囿於純粹的學術定義，那麼，理性就是一個人經過思考所形成的認知與基於這種認知做出的行動。在經驗意義上，絕對的非理性行動更多是基於不假思索的情感、傳統或者宗教感召

---

*由社會學家孫立平教授提出，指在判斷一件事情是否正義時，去除動機、背景、實質、進一步效果等等這些相關因素，就事情本身做出簡單的判斷。

*指天然生成之物，如人類、禽獸、草木、礦物等。

做出的行動。人類具備理性思考能力，或者說將理性作爲自身的標竿，這毫無疑問是現代相對於傳統的進步，但是，這裡存在著一股內在張力。

理性是現代社會的標誌，也是現代人之所以爲現代人的價值基礎。理性一詞又蘊含著平等與自由這根本性內涵：一個人具有理性能力的前提，是不論出身、經濟狀況、先天條件如何，在法律上都受到平等對待，也都具有接受教育的權利，而一個人充分發揮自己的理性，就是要啓動個體的自由意志。然而，現代社會如此紛亂繁複，每個人在面對複雜的社會事實時，都無法保證自己能完全按照理性行事，但又會因爲現代文明爲個體提供的平等與自由的允諾，而將表達自我視爲天生正當的權利——**個體可能還會將自己的見解、表達與觀點都披上理性的外衣**。

此外，正如前文所述，在網路和大眾傳媒的科技發展下，現代人處於一種資訊爆炸的環境之中，我們接收的所有資訊都是經過加工的，而洶湧而來的各種資訊使得每個旁觀者根本沒有精力也沒有能力去仔細識別眞僞，辨別來龍去脈，瞭解具體脈絡。在這樣的情況下，在諸多結構性條件的耦合作用下，現代人在公共輿論和網路世界中發揮和彰顯的，恰恰是一種「短連結理性」。

所謂短連結理性，用直白的話來解釋，**就是現代人在「討論八卦」和參與公眾討論、發表意見時，其實只會基於自身接收的有限資訊來做出判斷**。將這種理性稱爲「短連結」，就是指資訊本身的「片段性」與「散點性」。面對陌生人身上的事件，每個人都不是當事人，甚至沒有條件和能力去眞實地理解事情發生的情境。在這種情況下，作爲旁觀者的大眾其實陷入了一個很奇怪的處境：一方面，要行使自己手中表達觀點的權利和自由；另一方面，經常要在一種去脈絡化的狀態下表達觀點。那麼，表達的依據是什麼呢？只能根據「行爲」，因爲人們完全沒有辦法在去脈絡化之中、在懶人包和標題至上的新聞資訊中準確把握動機。

＊＊＊

然而，現代人有著一種「現代性」的本能，就是透過行爲去猜測和理解人的動機。就如同德國社會學家伊里亞斯在《文明的進程》一書中提到的，文藝復興和啓蒙運動的重要結果就是使現代人相信，一個人的行爲是可以反映其內心的文明程度的。我們很難說這種思維連結的建立是錯的，但可見的問題是，這種思維方式並不是「放諸四海而皆準」。因爲人的本性很複雜，既有向善的維度，也有趨惡的可能，因此，就算一個人行爲合乎常理，也無法就此斷定他道德向善。但是，除了宗教，現代社會又沒有發明出更高明的機制來眞正取代「神」，以裁斷人的內心。法律體系也主要是裁定人的行爲究竟是否合法，儘管它也考慮動機，但是這種對動機的追問與考量終究是有限度的。因此，傅柯才會說，依靠法律運行的現代政治與社會治理，本質上是「停在表面」的政治，這裡的「停在表面」其實就是只停在「行爲」表面。在這層基礎上，我們才能理解法學博士羅翔老師的那句名言：「法律是道德的底線。一個人如果經常說自己守法，那他有可能是個人渣。」

在對上面這些現代社會的基礎邏輯加以闡釋之後，我所說的「短連結理性」也就不難理解了。**無論是主觀動機還是客觀能力，大多數人實際上一直是「不明真相」的，在網路社會中尤其如此**，因爲爆炸式的資訊轟炸、標題式的閱讀理解，以及整體性的去脈絡化傳播機制，都使得大眾只能在有限的時空條件下更容易以「短連結理性」來對待事件，即圍繞「自己所看到的行爲」來對事件加以理解與評判，而不對背後的眞實脈絡展開進一步的追問。

從眾現象：長連結的情緒

短連結理性只是我們理解網路暴力的底層邏輯的其中一面，如果只有短連結理性，大家即便只是按照短連結理性來理解，隨意揣測並發表觀點，乃至形成大眾情緒，網路暴力也不會存在。問題在於，在短連結理性之外，現代人還擁有一種短促而綿延、激烈而正義的長連結情緒。

前文提到過，如果在一個社會中，大家沒有質樸的正義感，沒有基本的善惡是非觀，也沒有路見不平、仗義執言的勇氣，那麼，這一定不是一個理想的社會狀態。但是如果質樸的正義感和基本的善惡觀在「大眾」和「集體」的加持下，演變成一種肆意奔湧的情緒乃至氾濫成災，那將是一件令人生畏的事情。網路社會中的科技特性和人在其中的存在狀態，恰恰爲這種長連結情緒提供了再合適不過的溫床。

人有別於其他物種，其中一個重要因素就是會形成自身的社會價值觀與秩序，這也是人性中向善的部分，也就是我們通常所說的同情心、憐憫與關愛。因此，當我們在網路上「吃瓜」的時候，無論這個八卦是否正確，我們都一定會被故事傳遞出的善惡、對錯等價值觀敏銳地擊中，會不自覺地將自己移情到故事當中，或者從自身的生命歷程中捕捉類似的遭遇，或者從單純正義觀點的角度去「同理」當事人的體驗。儘管人作爲個體，形形色色、天差地別，但是作爲物種而存在的人類，在上述方面有著共通性。那些吸引眼球的新聞標題，實際上都在捕捉人類情緒與價值的最大公因數。

以理性、正義爲標籤的現代人，身處一個高異質性的社會，每天在生活中接觸的大多是來自五湖四海、各行各業的陌生人，現代個體既需要界限感與不被侵犯的個人隱私，又因害怕、孤獨、壓抑而需要表達正義與實現自由的空間，而網路的傳播機制和特色恰恰提供了這樣的空間。網路上有句話：「造謠一張嘴，闢謠跑斷腿。」爲什麼會有這樣的現象呢？在這裡，我並不想從個體的善惡角度來討論，而是要談談其中的「機制」。

＊＊＊

我們會觀察到，熱門話題應接不暇，甚至大眾還沒等來前一個事件的劇情反轉，下一個挑起大眾情緒的事件已然上線。在這樣的情況下，事件本身的內容隨時更替，但是被挑起來的情緒則會綿延持續，很快就可以無縫接軌下一個熱門話題，形成情緒的「來電轉接」。而當這些情緒的最大公因數停留在每個單一事件上時，它們短促而激烈，這便是所謂的長連結情緒。於是，建立在網路社會這一基礎之上的短連結理性和長連結情緒，最容易引發所謂的「網路暴力」。

法國社會心理學家古斯塔夫・勒龐有一本很知名的書，叫《烏合之眾：激情、非理性、領袖崇拜，盲目群體的心理陷阱》。這本書被認爲是「群體心理學」的代表之作，簡言之，勒龐所討論的問題在於，經歷個體啓蒙與覺醒的現代個體，在聚合成爲各種形式的群體時，是如何產生某種盲從的、乃至非理性的群體情緒？這種群體情緒的心理機制又是什麼樣的？書中有一句不起眼的話在某種程度上道出了本節的核心問題：**影響民眾想像力的，並不是事實本身，而是它們發生和引起注意的方式**[31]。

實際上，比勒龐更早的法國社會學家涂爾幹在其名著《宗教生活的基本形式》一書中討論了類似的主題。涂爾幹用「**集體歡騰**」這個概念來描述個體聚合成群體之後所產生的「外溢」效應。他在分析澳大利亞原住民部落的宗教儀式時敏銳地指出，宗教儀式幫助原住民從純粹日常與世俗的狀態中脫離出來，讓他們能夠在一種集體歡騰的狀態下完成對神聖性的感受[32]。

儘管現代社會與涂爾幹所分析的原住民部落看上去有著天壤之別，但是集體歡騰的狀態，以及透過集體歡騰實現的對神聖性的感受，又何嘗不是現在網路世界的眞實映射呢？在短連結理性與長連結情緒共同作用下的人們，或許也在體會另一種自以爲的「神聖」與「正義」。

第二篇 懸浮的生活

第6章

顏值正義：容貌焦慮背後為什麼是多數人的暴政？

容顏：個體的生物學符號

沉魚落雁之容，閉月羞花之貌。

回眸一笑百媚生，六宮粉黛無顏色。

北方有佳人，絕世而獨立。一顧傾人城，再顧傾人國。宗之瀟灑美少年，舉觴白眼望青天，皎如玉樹臨風前。夭夭桃李花，灼灼有輝光。悦懌若九春，磬折似秋霜。陌上人如玉，公子世無雙。

上面這些詩句，都是用來形容俊男美女且流傳甚廣的句子，這充分說明了一件事，那就是人類對美的執著追求是不分古今的。不僅如此，對美的追求還是無關東方西方的——在西方的童話故事、神話傳說乃至歷史發展中，亦有著無數對美貌的追求和頌揚，比如著名的維納斯就是羅馬神話中「最美麗的女神」。再比如，著名的特洛伊戰爭就是以爭奪當時世界上最漂亮的女人海倫而起。以阿格曼儂、墨涅拉俄斯爲首的古希臘聯軍進攻以普萊姆爲國王的特洛伊城，儘管這個故事很容易被解讀爲「紅顏禍水」，但依然無法否認「美貌」對人類世界的重要性。正所謂「愛美之心，人皆有之」，愛美幾乎是跨越族群和文化、穿越歷史與文明的人類共通本能。

在現代個體看來，對自身美的追求不僅源於某種自然與生物性本能，更是現代社會中平等與自由價值的彰顯。每個人都有打扮自己的權利，也都有按照自身意願向社會展現容貌的權利。然而，在複雜的現代社會體系之下，個體對美的追求卻衍生了兩個詭異的現象，即「**容貌焦慮**」與「**審美趨於一致**」，與之相隨的，是圍繞「美的標準與本質」的論爭與迷思。

所謂容貌焦慮，簡單來說，就是現代人普遍由於對自身容貌存在天生的「缺憾」或者爲了追求「更完美的面容」而產生焦慮。在我有限的印象中，最早產生容貌焦慮的是童話《白雪公主》中那個惡毒的皇后——她每天都要對著魔鏡提出「誰是這個世界上最美麗的女人」這樣的問題，足見其內心無以復加的焦慮感。在傳統社會，容貌焦慮的體現其實並不明顯，因爲你再焦慮也無從改變。

然而，容貌本來屬於「命不由我」的範疇，在現代社會中卻演變成了「我命由我不由天」——個體可以透過化妝、保養、健身、醫美等技術來使自己變得「好看」。與之對應的是現代社會中瀰漫著一股圍繞容貌問題而產生的普遍焦慮感，這種焦慮感並沒有因爲技術的發展和觀念的更迭而得到緩解，反而漸漸成爲現代人糾結、煩躁、自卑與社恐的重要來源。在過去，一個人對自己的長相再不滿意，也只能接受，但當現在有了這麼多可以透過後天實踐來改變天賦容貌的方法時，這種焦慮感反而被牽引出來，甚至被進一步放大了。

於是，到底要不要整？去哪裡整？整成什麼樣才算好看？這些成爲容貌焦慮下的普遍問題；美妝部落客開始興起，以「美體塑形」爲主要內容之一的健身行業大行其道，醫美更是在這種情況下迎來了產業的春天。不僅如此，現在的很多男性也開始注重自己的外表，從過去以健身爲主轉變到了健身與美妝兼顧，這種趨勢甚至在社會上引發了關於「男性氣概」的討論。我們不妨先看一看相關資料。

根據某研究機構發佈的《醫美行業研究報告》顯示，全球醫美服務市場的總收益由二〇一六年的一一四九億美元，增至二〇二〇年的一三七五億美元，複合年增長率爲四・六%。手術類醫美占整體市場的最大部分，占比爲八一%，非手術類占比爲一九%。據二〇二三年統計，臺灣一年醫美市場已經突破六〇〇億元。

而相較於全球醫療美容服務市場，臺灣微整針劑更是前景大好，根據麥肯錫調查及市調機構 ReportLinker 統計，注射劑市場快速成長，有望突破一四%年成長率，其中又以玻尿酸最爲顯著，年均成長達十%。此外，從數據來看，醫美行業最主要的消費群體依然是女性。但是，這並不意味著男性是醫美產業的「絕緣體」，根據愛力根醫學美容發表的臺灣五大醫美趨勢，二〇二二年臺灣男性民眾造訪醫美網站的人次，相較前一年上升三四%[1]。

實際上，上述醫美行業的相關資料，在我看來只是對「顏值經濟」和「容貌焦慮」這兩個關鍵字的狹義理解，因爲個體容貌的「美」，除了五官，至少還包括身形體態與衣著造型。如果將這兩項涉及的相關行業也考慮在內，我們就會發現，人類在自己的外表上眞的付出了很大的努力，也確實帶動了大量上下游行業的發展和就業機會。也可以說，在追求美的個體自由之路上，大眾正在展開一場競相追逐的比賽，這種無形的比賽既是容貌焦慮的表徵，也是容貌焦慮的內因。

* * *

不過，與之相伴的另一個現象是，大眾審美呈現越來越「趨同一致」的態勢：「網紅臉」漸漸成爲標準配備，什麼樣的眼睛、下巴、鼻子，現在似乎都有一套標準。V形臉、高鼻樑、大開眼角等形象在形形色色的影音平臺上被網紅迅速傳播，變成了被大眾接受甚至認可的符號，以致於現在人們說的「網紅臉」藏了一點諷刺的意味。

不僅如此，在最能體現大眾審美取向的娛樂行業，男性流量明星的長相、身材乃至穿搭也越來越具有某種一致性。回想一下，二十世紀九〇年代和二十一世紀前十年，那些電視螢幕上的「俊男美女」各有特色，單就容貌而言，每個人都具有極強的辨識度。短短二十年之後，上述變化似乎在不斷向我們展示著這樣一個社會事實：**大眾在審美角度上的想像力似乎越來越貧瘠了**。

以上現象蘊含著一些有趣的問題：外貌與容顏對現代人來說究竟意味著什麼？人類爲什麼會圍繞這些產生焦慮？現代社會爲什麼會出現容貌審美的趨同化？這種趨同化又代表了什麼？比上述問題更具底層邏輯色彩的問題是：容貌美醜這件事，究竟有沒有客觀標準？這是一件純粹個體化的事情嗎？

人是群居性動物，也是具有主觀意志的高等動物，人類有其他物種不具備的觀念、認知、價值，而這些又都會透過人的語言、文字表達出來。因此，各種各樣的「符號」充斥人類社會，在美國社會學家高夫曼看來，人類社會中的一切社會關係、人際互動乃至社會秩序的生成，都是以這些符號爲媒介的，所謂人類的社會生活，實質是一部披上了各種「外衣」的戲劇，每個人都要扮演自己所需要的社會角色[2]。

從這樣的視角來看，除了語言、文字，「臉」也是人的一個重要符號，只不過這種符號從自然角度來看，屬於生物學的範疇。日常生活中，我們經常會有「看到這個人的第一眼我就……」、「一見鍾情」之類的說法，這也說明了容貌在日常社交中的重要性。網路上有一句流行語，叫作「始於顏值，終於人品」，同樣強調了容貌的重要。

實際上，無論是醫療美容還是美妝部落客，其興起都在向社會大眾傳遞著重要的信號：作爲個體生物學符號的「臉」因在社交生活、職場生活中帶給他人的觀感和印象，變得日益重要。

醫美：容貌的標準化生產

在日常生活中，當我們調侃一個人的容貌或者對其進行「人身攻擊式」的評價時，我們有時會這麼說：「這個人長得有點抽象。」什麼是「長得抽象」？簡單來說，就是一個人的外貌無法用一般的語言進行具體描述。這當然是一句會冒犯他人的「惡言」，因爲在人類很長一段時間的認知中，一個人無法決定自己的容貌，它是上天賜予的。當然，隨著科技進步，人類認識到自己的容貌與父母的遺傳基因有關。但即便如此，容貌也被認爲很難後天改變。甚至在某些具體的文明情境下，一個人的容貌基於血緣家族的緣故，還具有某種神聖性，所謂「身體髮膚，受之父母」便帶有此內涵。

但是，這種情況在人類進入現代社會之後發生了翻天覆地的變化。這當然是由於醫學的進步，整容產業開始出現，並且獲得了自身的合法地位，這也就是我們現在所熟悉的醫美產業，它甚至演變成了一條可以帶動消費、提供就業的產業鏈——其中包括醫美設備、專業的從業者、消費者等環節。不僅如此，現代社會的重要特質便是社會分工程度的不斷細化，在醫美產業中，也分化出了完全不同的「賽道」。然而，以上要素在我看來都只是來自技術與經濟層面的「表層」動力。

還需要注意的是，現代文明的奠基，從觀念形態上來看，有三個重要的關鍵字：平等、自由與獨立。具體討論關於現代人的容貌，「平等」在這三個關鍵字中，又有著最重要的地位——現代性的重要內在張力在於它規定了人與人之間的平等地位，而在現實之中，這種平等地位很難絕對實現，或者說經常被打破。一個人無法決定自己的容貌，無法決定自己的膚色，也無法決定自己的父母、自己的基因，無法決定原生家庭環境，這些都是現代社會中難以解決甚至根深蒂固的不平等。於是，**現代文明在這裡給「平等」加上了一個詞，即「權利」**。

簡單來說，儘管現代個體在自己的生命歷程中有著太多不平等的「先天性因素」，但是身分地位是平等的，這意味著每個人在法律面前都是平等的，也都具有接受教育的權利。這種平等實質上是一種「機會平等」，以最大限度保證個體的生存底線。因此，每個人都可以透過發奮讀書來改變自己的命運，也都可以透過醫療美容改造自己的容顏。這不僅是平等的權利，如何整、整成什麼樣也都是個體的自由，而是否整、整完之後效果如何，是現代人獨立做出的選擇，自己也需要爲之負責。

曾經有新聞報導，在很多韓國家庭中，家長會將整容作爲送給子女的禮物。韓國的平均整容量排名世界第一，甚至達到了「每十個韓國人就有四個整過容」[3]。在當今的亞洲社會，「身體髮膚，受之父母」已經成了老舊觀念，整容這件事也不像過去那樣備受爭議，越來越多人開始透過這種方式改變自己的容顏。由於我們的近鄰韓國的醫美行業非常發達，甚至有很多人將韓國作爲自己整容的首選地。

然而近年來，隨著網路的高速發展，一些值得玩味的新現象陸續出現，各種短影音網站上出現了高度相似的「網紅臉」，甚至看得到極端的「蛇精臉」，而整個社會對男性的審美也有趨同一致的態勢，連髮型也出現了「標準款」。從理論上來講，改變自己的容貌是個體自由與平等的權利，每個人可以按照自身的自由意志完成自我重塑，那爲什麼還會出現審美趨同一致的現象呢？在我看來，這其中的原因是多重耦合的結果。

如果要求我只用單一個詞來概括現代社會的特質，我一定會選擇「標準化」。現代文明的基礎邏輯是工業，工業的進步和科技的發展史無前例地提升了人類的生產能力，人類由此有了大量單純用於交易的產品，這才帶來了商業文明的昌盛，以及城市的繁榮。那麼，工業點石成金的能力究竟從何而來呢？那就是它的大量生產能力，而大量生產能力的前提是標準化，其外溢效果*是驚人的可複製性。工業的奧祕就在於工廠中的流水線，流水線上的所有環節都是環環相扣、上下連接、彼此配合的，同時流水線上的每個流程都有著明確的標準，而處於生產線上的每個工人動作的重複程度相當地高，在相應的標準上也是非常統一的。由於工業文明這一標準化特質具有極強的可複製性和極大的生產效益，因此它開始向工業領域之外擴張。

＊＊＊

現代人經常問道：這個東西的標準是什麼？比如，評價一所學校的標準是什麼？是成績、就業率還是其他？評價一個人是不是完美伴侶的標準又是什麼？當我們稱讚一個人「五官標緻」時，這究竟是一種主觀評價還是客觀標準？人的臉可以有標準嗎？

有篇名爲〈面部五官的美學標準〉的文章，其中這樣描述道：「世界各國均認爲瓜子臉、鵝蛋臉是最美的臉形，從標準臉形的美學標準看，面部長度與寬度的比例爲一・六一八比一，這也符合黃金分割比例。[4]」這篇文章所寫的是不是標準答案，我無從知

＊指事物一方面的發展會帶來該事物其他方面的發展。

曉，也無意評判，但是，像這樣致力於爲容貌找到標準化界定及努力的方向，實質上是工業的標準化邏輯。自進入近代以來，人類幾乎在各領域都試圖找出客觀的因果規律，以標準化、數位化的方式來呈現這種因果，並將其作爲指導人類社會生活的準則。

同時，當醫療美容成爲一個有著巨大經濟動能的產業時，其自身也會基於經濟法則出現標準化的內在驅動。無論是在技術流程上還是在技術標準及效果上，都需要以標準化的方式吸引使用者，由此，如何爲客戶「描述」一個自己可以預見的，並構成足夠吸引力的「整容後效果」，再沒有比標準化範本的具體樣貌更具說服力的東西了。

與此同時，**大眾媒體的發達與流量經濟的繁榮，大大加劇了「明星臉」和「網紅臉」的傳播效應，甚至使其成為消費社會中的一種「標誌」與「符號」，深深印刻在人的腦海中。**在各種短影音網站上受到廣泛關注、享有巨大流量的「俊男美女」，以符號化的方式前所未有地統一著人對美的認知。

美國當代社會學家雷瑟（George Ritzer）有一本知名的著作《社會的麥當勞化》，他將現代社會的運行機制比作麥當勞，因爲麥當勞的基本特質就是製作流程和產品的高度標準化，世界各地的麥當勞餐廳都遵守著同一標準。在雷瑟看來，整個現代社會的運行及發展趨勢，是各行各業都出現了麥當勞化的狀態■5。從這個角度而言，似乎連原本高度主觀的「審美」與「容貌」也在劫難逃。

審美觀：隱藏在背後的多數人暴政

如果說網紅臉、蛇精臉、奶油小生的走紅及其背後呈現的「審美趨同一致」，在當下的社會環境有其內在的資本與傳播邏輯，那麼，接下來我將要討論一個更根本的問題：關於容貌的審美，到底應該是多元化的還是單一化的？

在日常生活中，我們經常會遇到下面這樣的對話。「你是要出去見誰，這麼精心地化妝打扮？」「誰也不見，我自己美美的、開心、有自信，不可以嗎？」這些對話其實是在對同一個問題發起追問：美以及隨之而來的審美，到底是如何界定與認知的？換言之，當我們說「我很美」或者「我很帥」的時候，這個表達背後究竟是個體的自我認知，還是社會大眾的普遍認知呢？

就現代個體的處境而言，很多人會認爲「美」這件事只關乎自己，一個人哪怕在大多數人眼中外表普通、身材臃腫甚至容貌醜陋，都依然可以自信地認爲自己很美。因爲在一個價值多元而又高度崇尚個體價值的社會中，個體的自我認知無論是在理論上還是在價值上，都處於超越他者的優越地位。**然而，無論個人如何認知自我，都無法真正在現實生活中脫離「社會」這個龐然大物，在審美觀上亦如是。**甚至，審美在某種程度上是最能體現「社會」存在的場域。爲什麼這麼說呢？這樣說是在否認現代價值嗎？

我們不妨設想一下，當這個世界上只有你一個人，那麼還有美與醜的分別嗎？這當然是個極端的例子，也是一個不可能出現的案例，但是我們如果腦洞大開，讓自己沉浸在這個狀態中冷靜思考一下，就會發現，不要說美與醜，當世界上只有一個人的時候，連高矮、胖瘦這樣的差別都無法斷定，因爲當無法比較的時候，就無法鑑別，當無法鑑別的時候，我們也就無法以具象化的方式爲這些詞語提出定義。

美國社會學家庫利（Charles Horton Cooley）在《人類本性與社會秩序》一書中提出了某個著名的理論，即「鏡中自我」。他這樣寫道：

我們在鏡中看自己的臉、身材和衣服，因為我們的興趣在於這些形象是屬於我們的，並根據這些形象是否符合自身的願望而產生滿意或不滿意的心情。同樣地，我們在想像中得知別人對自己的外表、風度、目的、行動、性格、朋友等的想法，並受這些想法的影響[6]。

中國著名社會學家費孝通先生將略顯抽象的「鏡中自我」理論表達爲「我看人看我」[7]這五個字。仔細想來，不只是容貌的美與醜、身材的胖與瘦，即便是對自己性格的認知等，也都可以用這五個字來概括。在真實的生活中，我們對自己的認知恰恰來自「由他者構成的廣義上的大眾」。在這層意義上，社會既是我們的參照系數，也是形成自我認知的重要源頭。**社會是由具體的個人組成的，但是社會一旦組成，便會產生超越個體性的力量**，這種力量會以各種方式、從各個領域滲透人的肉身，而圍繞容貌產生的認知，便是其具體體現。

我們經常掛在嘴邊的「潮流」、「時尚」這些詞語，往往與人的容貌相關。「你今天的妝容好時尚」、「你這個造型真潮」我們在使用這些說法時，有沒有想過什麼是

「時尚」和「潮流」？其實它們並沒有那麼難理解。所謂時尚，就是指在一段時間內大多數人的「風尚」，「潮流」一詞亦是如此。那麼，什麼是「風尚」與「流行」呢？說白了，無非就是某段時間內大多數人的傾向、崇尚與選擇。

那麼，大多數人的傾向與選擇究竟是被少數人塑造的，還是大多數人「自主」選擇所形成的共識呢？在我看來，這樣的提問方式無異於「雞生蛋還是蛋生雞」的問題。但我們需要知道的是，資本的敏銳嗅覺與發達的大眾媒體，都在時尚與潮流的形成中發揮了不可取代的作用。

我們撇開那些混雜的術語和抽象的思維方式之後，再仔細思考審美究竟是單一化的還是多元化的，對容貌的認知究竟是應該「聽自己的」還是「聽別人的」這類問題，就會發現，在某種程度上，這是假議題，因爲這兩個問題背後的底層邏輯是：**現代社會中的容貌以及由此而來的顏值正義和容貌焦慮問題，本質上是一場「多數人的暴政」**。

「多數人的暴政」這個概念來自法國社會學家托克維爾（Alexis de Tocqueville），他在《論美國的民主》一書中，對美國社會的民主形式進行了充分的社會學觀察。他發現，這種建立在擁有並不斷主張著個體權利的大眾基礎上的民主社會，也有一種潛在的危險，即「**多數人＝正義**」。在「平等」這個抽象的標誌下，現代個體獲得了形式上的對等，同時現代個體也高度原子化了。現代文明的潛臺詞是，所有個體都是經歷了啓蒙，有著自身理性思考和審慎態度的人，因此，每個人應該獨立行使手中的平等權利。

然而，現代文明卻在有意無意間將「應然」當作「實然」，因爲在現實中根本無法保證每個人的選擇是理性而審慎的。這就是托克維爾所說的「多數人的暴政」。所以，在那本書中，他寫道：「假設有一天自由在美國毀滅，那也一定是多數人的無限權威所使然，因爲這種權威將會使少數忍無可忍，逼得少數人訴諸武力。[8]」

* * *

事實上，當今在資本與媒體加持下的容貌範本與審美潮流的塑造，本質上也是顏值領域的「多數人的暴政」。更有意思的是，在現代社會中，「主流」與「非主流」會如同液體般隨時轉換。比如，在過去，超級名模的形象是非常固定的，有著精緻的容顏與高挑的身材，但是近幾年來，大眾當中出現了一種新的審美浪潮，很多人認爲以超級名模爲代表的這種固化審美，一方面會在有意無意中冒犯一部分審美觀念與之不同或更爲開放的人，另一方面是對在先天條件上無法達到這種「標準」之人的一種傷害與不尊重，也是對有其他膚色與體態的人的侵犯。

因此，近幾年開始出現各種各樣的名模，大尺碼、棉花糖女孩等詞語也開始出現，並且深入人心。我們不妨設想一下，按照這個趨勢發展下去，誰又能保證「以胖爲美」不會成爲主流和多數？別忘了唐朝的風尚。

因此，圍繞「顏值正義」和「容貌焦慮」等關鍵字產生的問題，在我看來，其本質並不在於是否該有統一標準，以及要不要趨同一致，而是我們需要弄清楚，從個體與社會之間的關係來看，大眾關於容貌審美的認知狀態是如何產生的？其具體產生的社會機制又是怎樣的？它不過是諸多因素加持下的一場「多數人的暴政」而已，只不過這種暴政既不流血也不猛烈，而是以「潤物細無聲」的方式融入個體的骨髓。

氣質：人類的社會學表徵

上文所討論的容貌問題，比較集中在個體對五官與身材的審美認知上，然而，無論是身材還是五官，都無法構成我們對一個人的認知與直覺印象。在文化傳統中，「氣質」才是經常用來形容和描摹一個人的詞語。

古人說「腹有詩書氣自華」，孟子在《孟子・公孫丑上》中說「我善養吾浩然之氣」。而「氣宇軒昂」、「溫潤如玉」也都被用來形容一個人的氣質。究竟什麼是氣質呢？如果說以五官爲基礎的容貌是人的生物學符號，氣質則是人類的社會學表徵。

一個人的氣質是帥氣還是痞氣，是文氣還是流氣，並不取決於一個人的五官，一個小眼睛的人既可以「目光如炬」，也可以「小頭銳面」。所以其中的差別根本不在於五官的大小與位置，也不在於它們的排列組合方式，而在於一個人自身所具有的「氣質」。這種氣質，是多結構要素在生命歷程中耦合的結果。仔細想想，一個人從小到大經歷過的事、生活過的地方、讀過的書、走過的路和愛過的人，都在歲月的年輪中刻畫著他的樣子，這個樣貌會毫不留情且悄然無聲地被鐫刻在臉上，形成他獨特的氣質。

在這層意義上，氣質是高度個體化的，甚至無法完全趨同一致的，因爲每個人有著完全不同的生命歷程。**但氣質也是極具社會性的，因為它實質上是一個人「社會化過程**

中」的各種要素累加而成。

氣質不只有個人屬性，還帶有群體性色彩。俗語中所說的「一方水土養一方人」，就是在說共同生活在同樣的習俗傳統和同一個地區空間中的人群具有某些共通要素。韋伯的名著《新教倫理與資本主義精神》呈現的就是經歷了基督教改革的新教徒，有了某種集體性倫理人格——韋伯所用的詞是「ethos」，翻譯成中文就是「精神氣質」。

李澤厚在《美的歷程》的結尾這樣寫道：「美作爲感性與理性，形式與內容，眞與善，合規律性與合目的性的統一，與人性一樣，是人類歷史的偉大成果。[9]」當人類進入現代社會後，我們的審美能力、審美取向乃至「客觀」的審美標準開始受到挑戰，從過去的自然屬性變成了標準屬性時，我們應該考慮和追問的，或許並不是「美到底應不應該有標準」這樣的問題，而是除了容貌、打扮、身材，作爲現代社會的個體，我們應該以及可以養成什麼樣的「氣質」。

第7章

搶人大戰：人與人才，何者更應該優先？

人口流動：不明覺厲的搶人大戰

二〇一八年二月，網路上流傳著一則新聞——海南省三亞市街頭「驚現」哈爾濱市公安局駐三亞警務站，而且各種刊載此新聞的報導中都配有熱心網友的現場實拍圖。引發了大家的熱議。

「整個三亞都是東北人」、「東北人佔領三亞」、「東北話是三亞方言」，網路上充斥各式各樣的評論。這些調侃本身並沒有什麼特別值得討論的地方，然而，這略爲新奇的「新聞」背後所折射出的近十年來大規模的跨地區人口流動現象，卻是值得認眞審視的問題。不知道是什麼時候開始，中國各地區每年人口的淨移入、淨移出、淨增長等資料和指數成爲各界普遍關注的熱門話題。每個人口淨移入和出生率出現增長的城市，似乎都對未來的發展更有自信，而每個人口淨移出增長和出生率出現下降的地區，則充滿焦慮，似乎經濟衰退、百業凋敝的烏雲就籠罩在上空。

而在那些有著人口焦慮的地區中，又以中國東北地區最爲突出。實際上，從「哈爾濱市公安局駐三亞警務站」這則略帶趣味性的新聞，就可以窺見，整個東北地區近年來的人口外移現象非常嚴重。根據第七次人口普查資料，整個東北三省在這十年間就減少了一一〇一萬人，這相當於哈爾濱的總人口。其中，黑龍江省減少了六四六萬人，是東北三省中人口流失量最大的地區。然而，在出生率近年來持續走低的情況下，很多地方，特別是長江以北的地區，甚至有媒體將這一現象稱爲「東北化」。

與之相應地，近年來，各地不斷祭出各式各樣的政策，以吸引人才到當地入籍、定居。例如，天津市於二〇一八年五月十六日正式公佈「海河英才」計畫，大幅降低人才入籍門檻，嘗試以相較北京更低的房價和較高的教育品質來促進城市經濟發展。如果說華北地區各省相應的人才政策是基於現實經濟發展減緩和人口流失加速的多重焦慮，那麼，經濟相對發達的長三角地區也加大了各種人才的引進力道，就更容易理解了。例如，許多明星透過人才引進政策入籍上海，在某段時間內引發了大眾的討論。不僅如此，中西部地區很多地方，例如成都、重慶、長沙等地都加強了人才的引進，甚至大力引進博士研究生人才。一時間，一場轟轟烈烈的「搶人大戰」在中國各地展開。

從整體上看，**這場「搶人大戰」固然屬於政策層面的宏觀問題，但是它實實在在影響著一般人的日常生活**。無論是即將畢業踏入職場的大學生，還是已經「內捲」多年的社畜，都會遇到一個難以選擇的問題：究竟要去一個有著優厚人才政策的偏鄉城市工作和生活，還是繼續留在有著更多機會的大城市拚命「內捲」？面對轟轟烈烈的搶人大戰和五花八門的人才引進政策，很多人舉棋不定，往復徘徊，畢竟選擇一個城市工作和生活並不像選擇可口可樂還是百事可樂那麼容易。那麼，究竟爲什麼要「搶人」呢？要想弄清楚這個問題的本質，我們得先回答一個前置性問題：當前社會中出現的以城市和區域爲單位的「搶人大戰」，究竟在「搶」什麼？

搶奪人才：一場圍繞機率展開的競爭

在各地的搶人大戰中，各種優惠政策讓人眼花撩亂，很多地區甚至會派出由官員組成的豪華陣容去各大院校所在的城市進行演講。那麼，搶人大戰究竟在搶什麼呢？與之對應的問題是：**當一個人處於選擇和被選擇的情況下，他選擇的或者等待他的，又是什麼呢？**

從表面上來看，這似乎是一個有著顯而易見答案的問題——搶人，搶的不就是「人才」嗎？各個城市和地區都需要發展，每個城市又有自身的特色和產業類型，因此就會尋找甚至爭搶相應的高水準人才。這樣的回答只能說是最正確但也是最表面的答案。因爲更關鍵的問題在於：究竟什麼是「人才」？又該如何判定「人才」呢？

在這裡，我並不想對「人才」做出某種規範的定義，無論是在公共管理領域，還是在人力資源管理領域，這兩個字早已經被定義了無數次，並且被寫在了相應的教科書裡。實際上，在現實的社會狀況下，與其說人才是「有眞才實學和專業技能的人」，還不如說這是一套「客觀」的標準和指標，而所謂「人才政策」，其本質上就是先制定一套地方需要的「人」的標準與指標。比如學歷究竟是大學、碩士還是博士，是不是從一流學校畢業，所學專業是什麼。不僅如此，這個標準與指標還包括性別、年齡、在校期間所獲得的各種獎項、參加過的各種實習與社會活動、工作經歷等。

總而言之，一個活生生有著自己的價值觀、世界觀、習慣、性情傾向及精神氣質的人，在「人才」兩個字的涵義中就變成了一系列指標。各地在招攬人才和祭出人才政策的時候，固然會考慮自身的經濟社會特點、行業特徵與區域地理特徵，也會制定不同的人才標準和政策，但是將「人」轉化為一個看上去明確、精準、可比較、可操作的指標系統這一底層邏輯是一致的。無論是「搶人」的一方還是「被搶」的一方，都相信標準與指標系統，因為人才政策不僅是人才政策，還關乎整個招募環節的公平與透明，而作為一種帶有選拔性的機制，這一指標系統的可比較性是它可以被執行的重要條件，因此，只有資料化的標準和指標才可以拿來做比較——**在從「人」變成「人才」的過程中，個體先要完成自我的「資料化」**，這樣一來，自己才具備能與他人做比較的特質，才有可能加入「被搶者」的行列。

＊＊＊

或許你會說，這樣有什麼問題嗎？無論是理論上還是現實上，無論在東方還是西方社會，現實中都是這樣做的，而且，將人具有的能力指數化和資料化，並進行挖掘、評量、培訓乃至管理，更催生了一個重要的專業——「人力資源管理」。因此，我想討論的是：這種將人指數化為人才的底層邏輯，其本質究竟是什麼？

如果對這個問題展開「元問題」上的思考，我們就會發現，搶人大戰的一個重要本質是「搶機率」，它實質上是一場圍繞機率展開的競賽與競爭。爲什麼這麼說呢？成爲大學教授後，我和幾個來自不同地方負責人才引進工作的長官打過交道，他們都是來北京各大院校爲地區招攬人才的，其中幾次的招募宣傳令我印象深刻，因爲它們有共同的特點——都來自偏鄉城市，但都只招聘博士研究生到政府部門工作。

我曾經很不解地問他們：「爲什麼你們招聘的學歷門檻這麼高？竟然只要博士？會不會大材小用啊？」我得到的回答是：招聘工作是否有成效、有成果，本身也是需要被考核的，它代表著一個地區的吸引力，同時也意味著人才引進工作的任務是否以高品質完成。從本質上來說，是否搶到人，是否搶到優秀的人，搶到的人是否眞的「實用」和「合適」，就像「開盲盒」一樣，而且是否實用和合適往往無法在短時間內予以評量。由此，人才引進方只能依靠外在的標準來表明招聘的成果，是否讀名校、是否高學歷，簡歷是否光鮮亮眼，就成了明顯的指標。至於按照這套外在標準招聘的人是否有眞才實學，是否眞的適合當地，那就攸關機率了，因爲從理論上來說，符合「系統」所要求的各項外在指標的人，有更大機率是優秀的「人才」。

不僅如此，對「人才」來說，加入搶人大戰，不論自己是作爲選擇方還是被選擇方，比拚得更多的也是機率。在〈第十一章：象牙之塔〉，我將剖析教育業為何具有來料加工產業特徵。只要先稍稍思考一下，我們就會發現，被困在「系統」內的這些受教育者，主動或被動地將自己的學習生涯變成了一場圍繞績點和培養方案展開的競賽，而這一切未必出於求知欲、好奇心或者對專業的熱愛，而是為了在未來的就業市場中取得更優勢的位置，或者說，博得在求職過程中更有可能被選中的機率。我們經常會說，現代是一個分工複雜、機會眾多而又競爭激烈的社會，同時，**現代社會與傳統社會不同，強調權利的平等、機會的均等，由此對程序化、標準化及透明度有著更高的要求。**在這樣的狀態下，可以將自身化約為能被進行比較的資料、指標則是這場爭奪戰的入場券。

無論圍繞人才展開的競爭形式如何，其本質都是一場圍繞「機率」展開的遊戲。

人、人口、人才：現代國家的政治算術

講到這裡，我其實只回答了第一層問題，即「搶人大戰」搶的是什麼——表面是在

搶人才，其實是在搶由指標衍生的機率。我們緊接著就需要面對「搶人大戰」涉及的第二個問題：爲什麼要「搶人」？或許，對很多人來說，這也是一個不言自明的問題——沒有人，就沒有經濟活動；沒有經濟活動，城市就沒有活力；城市沒有活力，反過來就會進一步加劇人口的流失。這是一個致命的惡性循環。

上面這種思考問題的邏輯無可厚非，從常識上來講也毫無問題。不過，本書的目的並不在於用常人不懂的名詞和理論概念來解釋大家都知道的道理，而是嘗試尋找各種社會事實背後最底層的邏輯，重審我們面對這些問題時的思考路徑。因此，「爲什麼要搶人」這個問題背後的元問題是：**人、人口、人才對現代社會而言，究竟意味著什麼？**

實際上，人、人口和人才這三個詞的涵義不同，但後兩者其實都是「人」這個字的衍生物。本質上，人，特別是經歷了文藝復興和啓蒙運動的現代意義裡的「人」，是哲學概念，也是本體論概念，而人口和人才的本質是統計學概念。人口的範疇和數量，都一定大於人才，簡單來說，人才是人口中的「優等品」。在上一節中，我討論了「人才」何以關乎標準制定和機率競爭，在這一節中，不妨來討論一下「人口」。

所謂「搶人大戰」和「人才競爭」，本質上是圍繞人口的「有用性」和「優質性」

展開的競爭。然而，暫且不論人口本身優質和有用與否，僅僅人口多寡就已經成爲現代文明中的重大國家議題。這幾年來，人口出生率減緩，甚至部分地區出現了人口增長率爲負的情況，引發社會輿論的廣泛討論與關注。除了鼓勵生育、降低生育限制等措施，各個城市也都出現了各種激勵政策，這也構成了搶人大戰的基本背景。之所以如此，是因爲大眾形成了一種關於人口的普遍認知：面對已經到來的高齡化社會，基於人口紅利出現的持續經濟增長將會遇到嚴峻的挑戰。本書無意圍繞這個人口經濟學問題展開更多討論，而是想要追問：爲什麼對現代國家而言，人口成了重大議題？

從哲學角度來看，現代性的核心是從「君權神授」到「天賦人權」的轉變，人不再是神的附庸，而是可以自我主宰的絕對存在；從政治的角度來看，現代性的核心在於從君主與宗教的雙重專制中解脫出來，形成了形態各異的民主政治；從經濟的角度來看，機器生產取代了手工勞動，以追逐利潤爲核心的資本主義工商業打破了自給自足的自然經濟，人類的大量生產能力得到了空前的提升。以上角度都是理解現代性、現代社會和現代國家的重要視角，但是如果從人口來看，人口成爲重點，並被納入政治權力治理的範疇，則是現代國家的明顯特色。

＊＊＊

德國社會學家伊里亞斯在其一生最有名的作品《文明的進程》中寫道，在十六世紀之前，整個歐洲呈現一片混戰的局面，而且這一局面持續了很長一段時間。其原因就是自從羅馬帝國崩潰，整個歐洲大陸陷入群雄割據的狀態，經常有地方領主勢力壯大之後反對中央領主的統治，因此歐洲長時間處於「戰爭－和平－戰爭」和「分裂－統一－分裂」的歷史循環中。然而，到十六至十七世紀，這一循環開始走向終結，地方領主越來越沒有能力反抗中央，歐洲便走上了君主專制國家的歷史道路，這也構成了現代國家的雛形。就此，伊里亞斯提出了他的問題：爲什麼這個治亂循環會在十六至十七世紀走向終結？與哲學、政治學等的解釋不同，伊里亞斯並沒有從政治觀念的變化等層面對這一問題提供回答，他敏銳地看到了社會條件變化在其中發揮的重要作用。

在十六世紀之前，人類社會的生產能力相當低落，人與人之間的交往範圍也非常狹窄，商業和貿易活動並不發達，這導致貨幣在當時的現實生活中並不重要。那麼，那時候的中央領主是如何封賞跟隨自己四處征戰、取得戰功，並且助力自己登上「王座」的功臣貴族呢？他們採用分封的方式，就是把一塊地以及土地上的人分封給這些功臣貴族，封地成爲他們的自治領地。這種方式實際上爲後來的地方領主起兵反對中央領主埋下了禍根，因爲地方領主在獲得分封後享有對其領地的絕對治理權。

然而，到十六至十七世紀，整個情況發生了重大的變化。隨著工業生產能力的發達和交通技術的進步，貿易的頻率和程度提升，廣度也擴大，於是對貨幣的需求量急速上升，貨幣在人們的日常生活中的作用越來越大。在過去，中央領主之所以要把土地和附著在土地上的勞動力作爲獎賞分配給功臣，是因爲在前現代社會，土地與作爲其勞動力存在的人口是最直接和最重要的資源，而貨幣並不重要。

不過，隨著經濟的發展，中央領主發現，可以用貨幣來取代土地和人口分封給功臣、騎士及貴族，這樣就可以在一定程度上避免地方勢力擁兵自重的情況。**這樣一來，中央領主最迫切需要的就不只是四處征戰討伐的軍事武裝能力，還有對貿易稅收的精算能力，而這都需要中央領主有對國內人口的精確統計能力**。正是在這層意義上，對經濟、人口、土地的精確計算能力成爲現代國家的要素，而單單靠君主一個人獲得這些能力顯然不夠，由此，日漸龐大和專業的官僚機構便誕生了■[10]。

伊里亞斯對西方絕對君主制國家誕生的解釋，無形中指出了人口在現代社會中的重要性。傅柯也曾指出：「統計學現在則逐步揭示出，人口有它自己的規律性，有它的死亡率和發病率，有它的事故規律。統計學還表明，人口的效果是由人口的聚集本身造成的……並且透過人口的遷移、風俗、職業活動等，人口有特定的經濟後果。」[11]

如果說整個現代文明的重要關鍵字之一是「理性」，那麼，現代國家最需要的能力就是對包括人口、土地等在內的各種生產要素進行理性計算的能力。有別於前現代國家更依靠軍事力量和宗教神聖性來完成統治，**現代國家更仰賴理性計算能力實現治理，而人口以及由此出現的人口學和經濟學則至關重要**。

傅柯敏銳地寫道：「爲了用一種理性的和反思性的方式進行有效的治理，政府必須把所有關於人口的觀察資料和知識都考慮進來。有一種知識的建構與治理知識的建構密不可分，這種知識的物件是所有與人口（廣義上）相關的過程，即我們今天所說的『經濟學』。」[12]因此，如果說對人才的爭搶是在搶機率，那麼，一個縣市、區域乃至國家人口的增減變化，則關係到整個共同體一段時間內的治亂興衰。因此，在人口移入與移出方面產生的焦慮，不僅是出於對經濟是否具有活力的理性判斷和預期，更是一種現代國家治理的本能，而人口問題是每個現代國家治理者必須面對的政治算術題。

異鄉遊子：陌路城邦的田園狂想

人、人口、人才，三者無論按照時間還是其內在定義的邏輯，在理論上都應該是遞進出現的，先有整全性的「人」，然後有統計學和經濟學意義上的「人口」，之後才有機率論意義上的「人才」。然而，在現代文明的社會中，這三個詞的優先順序似乎本末倒置了。在整體競爭的狀態下，代表著國家理性的權力意志在進行政策考量時，往往更重視人才與人口，進而產生了人的全面標準化與資料化，圍繞作爲指標和生產意義上的人的機率競爭也就此展開。

處於高強度生活節奏下的現代個體，無論是「內捲」還是「躺平」，其實多數時候都是在統計學意義上的機率論中掙扎罷了。如同第一章提到的，活在機率中的個體，就如同水中隨波逐流的浮萍一般，往往因爲機率、數字與指標的浮動而反覆糾結，不斷「流動」，個體生活的意義往往也會消逝。實際上，這並不只是針對城市管理者和政策制定者的難題，而是擺在所有現代人面前的難題。因爲經歷了「祛魅」過程的現代社會，其安放終極意義的地方已經從絕對神聖的宗教和君主，轉移到了個體的日常生活世界，個體如何與自己生活的城鄉共處，如何能夠在現代社會中扎根，從而在充實的日常中建立生活的意義與情感，變成了所有人的課題。我們常說「此心安處是吾鄉」，在陌路城邦般的現代生活中，我們鄉歸何處呢？

韋伯曾經這樣定義城市：「城市是其居民主要依賴商業及手工業——而非農業—爲生的聚落。……城市的另一個特徵或許是，經營的產業必須有某個程度的多樣性。[13]」在韋伯的定義中，城市與鄉村的最大區別就在於，城市的產業類型更加豐富，代表著異質性人口的高度聚合，因此，城市生活自然意味著更多的機會、更快的節奏、更強的流動性。在這種狀態下的城市，客觀上並非一個讓人容易安心的生活場所。然而，事物有另一面，城市也不是一個完全無情的水泥盒子，美國社會學家派克（Rob Pike）就曾這樣寫道：「城市不單單是若干個體的集合，也不只是街道、建築、電燈、電車、電話等社會設施的集合……它更是一種心智狀態，是各種風俗和傳統組成的整體，是那些內在於風俗之中並不斷傳播的態度與情感構成的整體。[14]」

將上面這段略顯抽象晦澀的學術語言翻譯成白話其實就是：「一方水土養一方人，一方人塑一方風俗。」所謂風俗，說穿了就是一群人普遍的性情傾向與精神氣質，在這層意義上，不同的城市也會呈現相異的特色。成都的悠閒、江南的精緻、東北的豪爽、西北的雄壯，這些形容詞不僅是針對地域景觀，也是對人的描摹。然而，無論是城市還是鄉村，都已經進入一個空前流動的時代，人們在不同地區間穿梭，漂泊不定。一個人即便在一個地方工作了很多年，也很有可能並不瞭解腳下的地方，因為在「九九六福報」的加持下，每個人用來瞭解自己所在地方的時間少之又少。我自己住在現在這個社區已經十年了，但直至今日，仍然和鄰居完全不熟。當現代個體發出靈魂拷問「我該在哪裡生活」時，他問的或許不是「哪裡機會多」，而是「何處是家鄉」。而當地方官員習慣依靠機率來展開搶人大戰時，或許他們可以換一種思維方式來審視這個問題：究竟該如何塑造一個城市的品格，讓生活在這裡和即將到來的人們有「家」的感覺？

身為一個離開家鄉十餘年的天津人，我經常會被朋友問到：「我如果去天津玩，哪家煎餅果子最好吃？推薦一下。」我的回答永遠是：「我家樓下那家。」我想，這才是城市鐫刻在一個人生命中的烙印。

第8章

跟風旅行：真的有那麼多「不得不去的遠方」嗎？

踏上旅途：現代人的異鄉夢

天色甚朗。覓導者各攜筇上山，過慈光寺。從左上，石峰環夾，其中石級為積雪所平，一望如玉。疏木茸茸中，仰見群峰盤結，天都獨巍然上挺。數里，級愈峻，雪愈深，其陰處凍雪成冰，堅滑不容著趾。余獨前，持杖鑿冰，得一孔置前趾，再鑿一孔，以移後趾。從行者俱循此法得度。上至平岡，則蓮花、雲門諸峰，爭奇競秀，若為天都擁衛者……[15]

以上文字來自明朝的「旅遊部落客」所寫的遊記——《徐霞客遊記》。實際上，徐霞客很難稱得上是最早的旅行者，因爲前有孔子周遊列國，後有總是鬱鬱不得志而雲遊四方的「詩仙」李白。但是在後人看來，孔子和李白的旅行都有各自的目的。前者周遊列國，是爲了佈道自己的政治理念與社會思想，以實現天下之「仁政」，而後者雲遊四方，以現在的眼光看，似乎是爲了文學創作而進行「取材」。但是徐霞客與他們不同，其旅行目的相對單純，旅行本身便是其重要目的。他的旅行見聞《徐霞客遊記》沒有華麗的辭藻，少見講究的修辭，而只是對所見景觀做了較爲平常的紀錄。恐怕連徐霞客自己都不曾設想，他所寫的遊記竟然會成爲流傳百世的經典，他也不會想到，在現代社會中，旅行這一活動本身會產生巨大的經濟效益，乃至發展成爲產業，甚至有很多國家都將旅遊業作爲其支柱。徐霞客更不會想到的是，很多現代人已經將旅行本身作爲重要的生活方式，它成爲越來越多人日常生活的一部分。

在傳統社會中，受限於人類的科技和交通條件，大多數人終其一生的生活空間都是相當有限的，因此旅行並不屬於古人的常態。在過去，人們更常因爲戰爭、自然災害等原因而旅行，實際上就是遷徙，而其他的流動則主要是經商或者經由科舉進入官僚系統後出仕爲官，單純以享樂爲目的之旅行並不多見。直到近代，旅行對大多數人來說依然是種奢侈品或者附帶產品，縱然如梁啓超這樣的大思想家，對歐美的遊歷也更多是以拓展眼界和考察西方爲核心目的，他的遊記《歐遊心影錄》一共八章，其中只有第二章〈歐行途中〉算得上是旅行中的見聞與感懷，而其他章節實質上都可以被視爲對時局的政治評論■[16]。

然而僅僅過了一百年，旅行在我們的生活中就產生了巨大的變化。特別是在新冠疫情爆發之前，旅遊業不僅蓬勃發展，甚至還產生了巨大的「外溢效應」——中國遊客的足跡遍佈世界。

根據相關部門資料統計，二〇一九年臺灣旅行及其他相關服務業家數達四〇一五家，爲近五年最高，隨著二〇二二年走向與病毒共存，世界範圍內的跨國跨境旅遊解禁，旅行及其他相關服務業家數再次回升至三九三七家。在銷售額方面，旅行及其他相關服務業在二〇一九年的銷售額達近年高峰，爲新臺幣三五九・三億元，在政策走向與病毒共存後，臺灣旅行業銷售額逐漸回升[17]。

這些數據代表了什麼？它們告訴我們，旅遊業作爲現代經濟體系中的重要部分，具有巨大的效能：刺激消費，包括旅行本身，也包括飯店民宿產業、餐飲娛樂業和交通物流業所產生的消費。我們如果把時空維度考慮得更完整些，就會發現，它甚至還能對一個地區的房地產和建築業產生巨大的刺激。然而，以上這些都不是我在這部分想討論的問題。

＊＊＊

我關心的問題是：**現代人究竟為什麼如此熱衷旅行，以致於它成為許多人理想生活中不可或缺的一部分**？不僅如此，在當今的社會中，我們還會看到與旅行有關的「奇怪現象」。比如，有人說，很多人出去旅行的基本流程就是「上車睡覺、下車拍照」，如果這個流程構成了旅行的主要節奏，那爲什麼我們還需要旅行？又比如，放眼中國各地，大部分以古蹟爲主題的旅遊景點都具有高度的同構性，許多具有歷史感和人文元素的地方都會有各種大型實景演出；發達的社交媒體上會有各種的網紅打卡地點，令大家心馳神往。

對於這些現象，如果我們只用經濟利益的驅動來進行闡釋，那就過於簡化了。在我看來，對上述這些現象的理解，都離不開對「現代人爲什麼如此需要旅行」這個元問題的追問。如果運用現代社會科學研究的方法，無論是問卷調查還是深度訪談，對「爲什麼要去旅行」這個問題都會得出停在表面的「動機式」回答，然而，爲了對這個問題有整體性的理解，我們必須回到現代人普遍的生存狀態與心靈結構的層面來討論。

到熱門景點打卡：空虛人心的填充物

本書第一章爲〈空心時代：生活的意義爲什麼消逝了？〉，實際上，關於這點還有個前置性問題，就是：「生活應該有意義嗎？」因此，在現代社會中，我們會很自然地認爲，旅行對現代人來說，是找回或者安放生活意義的重要出口。我們經常會看到這樣的文案：

來一場說走就走的旅行。世界很大，我想去看看。

人的一生必須去的五十個地方。

對個體而言，世界確實很大，但爲什麼人一定要去「看看」呢？單純的好奇心就足以解釋這個問題嗎？對個體而言，一生很短暫，既然短暫，那爲什麼還要出去看看呢？宅在家裡不好嗎？能單純用「享樂主義」和「及時行樂」的心態解釋嗎？

正如第一章所講的，現代社會中的個體總有一種意義消逝帶來的精神危機。這種意義消逝的精神危機根源，其實在於現代人認爲「生活應該有意義」。與傳統時代不同，現代個體的意義很多時候既不來自對宗教的虔誠，也不來自對君主的效忠，隨著日常生活中馬克思所講的「商品拜物教」、人的「異化」出現，甚至連韋伯所講的宗教改革之後的「天職」觀念都已經退居次位了，於是，現代個體及其需要獨立負責的日常生活，成爲意義的唯一載體。

於是，現代人經常處在一種悖謬的緊張性結構中：一方面，現代的基礎起點來自平等、自由與獨立，它相當於現代文明對個體的一種承諾；另一方面，我們總是會感到這種承諾非常難兌現。**現代人相信自己是自由的而且也應該是自由的，但在現實生活中又總是感受不到自由**，這主要體現在個體總是感覺時間被不屬於自己的工作所佔據，自己的生活不是想要的，所在的城市不是內心喜歡的。個體在現實生活中總是體會著事與願違的狀態，生活都不遂己意，遑論「我的生活我做主」。在我的生活我做不了主的情況下，生活的意義就更無從找尋和安放了。

不僅如此，對現代個體來說，生活的意義究竟是什麼？這本來就是一個沒有標準答案的問題。有人會覺得活著本身就是意義，有人會將「家人孩子」當作生活的意義，還有人不滿足於此，要不將成就一番事業作爲歸宿，要不將「做個好人」視爲人生的目標。正因爲這是社會給現代人預留的一道沒有標準答案的開放式題目，大家在面對它的時候才會普遍陷入茫然之中。

由於現代社會生活節奏的基本特徵是標準化、流程化，因此，**大多數現代人與生活世界是「速食式」的關係**：食物滿足熱量而味道退居其次，工作滿足生存而價值退居其次。這種與生活世界的連結方式形成了現代人的內心結構：在高強度、高競爭、高流動性的社會境況下，個體滿懷意義感而來，卻時時刻刻感受到「自己」和「意義」的消逝。但如何找回意義，以及究竟什麼是意義，從未有標準答案。

如果說這樣的生存狀態和心靈結構形成了現代人的基礎，那麼，我們就不難理解「網紅打卡式」旅行的流行了：對於很多人來說，去哪裡旅行、旅行去看什麼，都不見得有標準答案，他們甚至會將「都可以」、「無所謂」掛在嘴邊。相比之前，現代人有著前所未有的資訊獲取方式，因此，透過短影音平臺和各種App這些線上途徑，我們可以在茫然無措的情況下去尋找旅行目的地，而在科技與資本的雙重加持下，過分發達的資訊會塑造資訊繭房（information coccons）*，**網紅打卡的旅行之地不過是流量的公約數結果罷了**。

＊＊＊

當然，我們必須承認現代人在資本、資訊和科技的加持下對「遠方」的塑造能力——比如「豬八戒故鄉」、「蕭峰跳崖處」等就很容易變成網紅景點。仔細想想，這些景點的存在都非常荒謬：豬八戒是神魔小說中的人物，而蕭峰是武俠小說中的英雄，因此上面這兩個景點以及類似景點的名字，都不是歷史事實。然而，眞實與否並不構成旅遊景點的核心要素。有沒有故事可講、有沒有吸引力、有沒有流量支持、能不能捕捉人們的獵奇心理才是重點。在這層意義上，網紅景點本質上是作爲社會事實而非歷史事實的一種存在，它對不斷在迷茫中尋找遠方的現代人具有更大的吸引力，也具有更多被人看到、被人知曉的可能性。

對在這種情況下踏上旅途的人來說，「世界很大，想出去看看」的好奇心只是諸多動機之一，更重要的是在旅途中的關鍵地點打卡拍照，以及拍照後的分享。拍照是在對內心的那個「自我」說：「我來過，這就是意義，生活中還有我能支配的地方，因爲是

＊是一種網站針對個人化搜尋而提供篩選後內容的結果。

我決定來這裡的。」而拍照後分享在社群媒體上，則是對生活世界的某種宣告，意味著自己的生活及其意義被看到和被認可。

因此，比如說敦煌與河西走廊是一定得去的地方，但是可能多數人看到了美輪美奐的壁畫後，既無法在知性上理解壁畫背後的文明與歷史，也未必能在感性上直接體會到壁畫的視覺震撼，但是他們一樣要去，一樣要拍照，一樣要分享和嘖嘖稱奇。在我看來，這既不能用無知來形容，也不能用虛榮來概括，**因為「我來過」這個動作和行為本身，就已經構成了他們內心深處定義的意義，就如同在現代的生活中，買東西中的「買」這個行為的意義已經大於「東西」本身。**

一個人在旅行中拍照，然後上傳到社群媒體，他感受到的快樂是怎樣的機制呢？仔細想來，這種內心深處的體驗大概是如此：當我們將打卡和旅行照片公佈於社群媒體之後，快樂值和滿足感是隨著按讚數不斷增加而上升的，而當按讚數的增勢趨緩乃至最終停止時，我們的滿足感也隨之漸趨平緩直至消逝。如果代入自身體會一下這個過程，並且眞誠地面對自己，我們會發現大家或多或少也經驗過這樣的心理歷程。

正是因爲旅行本身成爲現代人爲數不多的自主選擇，所以它也成爲人生意義的重要

「塡充物」。與此同時，面對琳瑯滿目的塡充物選擇，發達的媒體科技、敏銳的資本嗅覺，又和現代人速食化的需求滿足方式像傳統建築中的榫卯結構一樣無縫契合，於是我們每逢春節連假都會看到電視上關於旅遊的新聞；現代人一方面在朋友群中上傳各種自拍，同時感慨著人潮洶湧，另一方面不斷重複著「明年一定哪裡都不去了——來一場說走就走的旅行」的循環。

作爲空虛內心塡充物的旅行，是普遍存在的狀態，它如同一個巨大的車輪，嵌在現代社會秩序與經濟連結的車軸上，一經發動，便不停滾動向前。它無所謂優劣，只是現代社會運行邏輯的一種映射。

對遠方的嚮往：流浪者的桃花源

前文討論的網紅打卡地點，和現代人在被流量包圍的資訊中做出的旅行選擇，只呈現了現代個體的存在狀態與心靈結構的冰山一角而已，尚未眞正回答「現代人爲什麼需要旅行」這個問題。實際上，關於「現代人爲什麼需要旅行」，在我看來應該換一種方式表述，即**「現代人為什麼需要遠方」**。

人類作爲物種，一直有著對遠方的某種想像，只不過在傳統時代，人們在文學詩句中對遠方的描摹要不出於對故鄉的思念，比如「獨在異鄉爲異客，每逢佳節倍思親」；要不出於對即將到來的分別感懷，比如「莫愁前路無知己，天下誰人不識君」。大多數對遠方的描寫和情緒，都是基於對故土、故人的留戀與不舍。如果說傳統社會中有對遠方的烏托邦式寄託，那非《桃花源記》莫屬，它描繪了一幅世外桃源的迷人畫面，身在桃花源中的人過著令世人羨慕的生活，他們可以遠離喧囂，遠離戰事災害，過著「無論魏晉，乃不知有漢」的田園生活。但是，這種對烏托邦般的世外桃源的描寫也無法直接和現代人對遠方的執念畫上等號，因爲桃花源實質上是一個充滿家人溫情的共同體，他們世世代代生活在一起，避世而居又緊密相連，這與現代人對令他好奇的、新鮮的遠方的想像不盡相同。

那麼，現代人究竟爲什麼如此寄望於遠方呢？因爲每個現代人心中所嚮往的遠方，是流浪者的桃花源。是的，每個現代人都是流浪者。除了標準化、流程化這些工業文明的生產性特徵，現代社會的另一個典型特質便是前所未有的高度流動性。在物質層面上，生產的高速發展與流通的高度提升密切相關，因爲只有能夠賣出的東西才是有價值的商品；在人的層面上，這種高度的流動性同樣存在——現代人不再像傳統社會的人那樣被自己的血緣、地域等先天性要素束縛，不必子承父業，也不必遵從媒妁之言，更不必一輩子待在一個小地方，既無意願也無可能「成爲自己」。

工業的發展、城市的繁榮、城鄉連結乃至國與國之間的緊密關係，以及交通方式和資訊技術的不斷發展，都使得**現代人越來越有條件「實現自我」**。然而，矛盾之處在於，在一個形式上同質化越來越高的地球村，在充滿標準化、流程化和可計算性的現代社會，現代人萌生的對主宰自己生活的強烈渴望又會迅速被抽離，甚至被消磨殆盡。

＊＊＊

不妨設想一下，一個人從小學開始，按照標準流程，在教育產業的流水線上透過不斷「內捲」而使自己在城市中找到一份體面的工作，然後進入職場，繼續承受ＫＰＩ（關鍵績效指標）的考核和高房價的壓力，甚至還有可能在人生旅途中不斷被催婚、催育。在這層意義上，**現代個體的生命旅程似乎也高度流程化了**，現代人掙脫了傳統時代君主權力、宗教神權與家長權威的層層束縛，卻被困在了一個無形的體系之中。

這個體系看起來開放、平等、專業，有著明確的程序與結構，似乎也爲身處其中的我們提供了人生的多種可能，然而當個體躊躇滿志地投身到現代社會這個龐大的系統之中時，他漸漸會體會到韋伯所說「祛魅」的世俗生活所帶來的空虛感和抽離感。

韋伯所說的「祛魅」的社會，簡言之就是宗教世俗化程度極高，也就是指「此生即此生」，現代人不再像中世紀那樣，依賴對彼岸世界的想像來規範此生世俗生活的意義，而是全身心投入世俗生活。因此，這既是一個意義從彼岸落地的過程，又可能是意義消解的過程，更是個將自身的世俗生活變成意義載體的過程。但是，這裡面存在著一股巨大甚至不可避免的張力。

人作爲高等動物，總要去追尋意義，而現代世界則是預設你可以透過主宰自己生活的方式來實現意義，然而，現實中卻佈滿了消解意義的「關卡」——無論是讓人內捲的職場，還是流於柴米油鹽醬醋茶的世俗煙火，似乎都不足以安放現代人的意義。於是，現代個體處在一個高度糾結的狀態中：一方面，我們無法決然拒絕世俗生活，瀟灑轉身逃離，因爲早已無處可逃；另一方面，基於現代社會的承諾（每個人都是自由的靈魂，可以實現自我），現代人又必須想辦法在一定程度上不時地從中抽離，哪怕這種抽離是短暫的，或者沒有明確目的和意義。

於是，詩和遠方成爲了現代人的精神指標之一，而旅行本身則成爲這種抽離的最直接的表達方式。至於「詩和遠方」的具體內容是對高雅藝術的欣賞、對青藏高原的嚮往還是對網紅打卡地的追逐，就因人而異了。更有趣的是，這種對遠方的「執念」甚至可以跨越年齡和代溝。在現實生活中，許多退休的老年人在一段時間內意外成爲外出旅行者的主力。這些五〇後、六〇後已經從職業生涯中解脫出來，因此不用考慮自己的出行時間，同時，他們又經歷了快速現代化的過程，在觀念上即使和八〇後、九〇後依然存在差異，但整體上也能接受「享受人生」的態度。不僅如此，很多五〇後、六〇後經歷了經濟上的動盪與變化，因此內在具有相對剝奪感。**在他們的生命中，有太多無法自己做出決定和選擇的時刻，而當邁入退休生活之後，「到處走走看看」和「找回逝去的時光」，便成為了做自己和尋找人生意義的重要選項。**

由此可以看到，儘管年齡差距和代間差異確實客觀存在，但無論是五〇後還是〇〇後，他們的生命都嵌在現代世界本身的歷程之中。因此，無論是被宏大歷史事件影響，還是被龐大的職場體系所盤據，他們普遍的生命體驗都是「自己的時間和生命被不屬於自己意志的東西佔據」。因此，越是感覺到被佔據、被支配，就越是需要在生命中不斷尋找遠方，哪怕這些「遠方」並不那麼高尚，哪怕這些「遠方」是被塑造出來的。無論何種形態的遠方，對現代人來說都是流浪者的桃花源。

周遭附近：棲居者的中途島

我是一個熱愛旅行的人，以前在學生時代，因爲時間相對充裕，我還經常去戶外爬山、露營。那個時候的露營和現在大不相同，不是去一些完備的營地，而是在較爲原野的山間、河邊。讓人印象深刻的一次，是我和幾個朋友在北京郊區的一座山裡露營。當時我們找到了適合露營的地點，正在紮營。剛好當地的一個村民路過，他看到我們在深秋北京的郊區山地紮營，露出非常不解的表情，開口問道：「你們要住在這？這裡晚上非常冷。」我們說：「您放心吧，我們就是來露營的。」雖然這位村民沒有明說，但我猜想他內心深處的聲音是這樣的：「這群都市人真奇怪，放著舒服的房子不住，非要來這深山裡受罪。」

旅行的本質是什麼？是洗滌心靈？還是無腦燒錢？或是開闊眼界、滿足好奇心？其實旅行最本質的東西恐怕是：**從自己待膩了的地方去別人待膩了的地方待著**。實際上，在有關旅行的這場討論中，我們還忽視了另一個元問題：如果遠方對現代人來說，是生存狀態中不可或缺的部分，那麼，「周遭附近」對現代人來說又意味著什麼呢？換言之，多數人的大部分日常生活依然是在相對固定的時空中展開的，我們所居住的社區、城市，我們工作的辦公室、工廠，每天來往通勤所路過的地方，以及我們放棄遠行、度過慵懶週末的街道、公園和百貨公司，這些生活的「附近」對現代人來說，又意味著什麼呢？是家園？是歸宿？還是漫漫人生旅途中的一座驛站？

從現代性的特徵上來說，我們普遍處於「生活在他方」的狀態之中。所謂生活在他方，說得尖酸刻薄一點，就是「這山望著那山高」。**在高強度的工作節奏下，在高流程化的生活結構中，大多數現代人日復一日地感受到的是日常的高度同質化**，這就如同一套熟稔於心的操作流程——每天幾點做什麼，哪怕這套流程自己不喜歡，甚至沒有將它設定在各種App中，現實而客觀的生活節奏也已經主宰著我們的日常，使我們循規蹈矩地運轉，卻總讓人感覺「自我」無法得到充分的施展。

「**這並不是我想要的**」成爲經常在我們腦中迴響的聲音，而這個聲音不斷刺激並撩撥著我們的好奇心、探索欲和意義感。

於是，我們最熟悉的場景，也就是生活的「周遭附近」和「日常」，因爲平凡無奇、索然無味，反而在現代人的生命世界中像是隱形了一樣。現代人與「周遭附近」既是物理意義上環環相扣的，又是精神意義上的漸行漸遠。我們與居所的關係越來越像旅館，每日重複著「上班—下班」的固定流程，以致於根本無意仔細體會自己與「周遭附近」的實質關聯，它具有功能性價值，但不具備精神性意義。它充其量只是現代人的中途島。我們經常會聽到身居大都市打拚的現代人對未來描摹這樣的願景：「等我老了，我想找個地方，依山或者傍海，享受人生。」這種對遠方的描摹，體現了現代人與「周遭附近」和當下的疏離。

美國當代作家凱魯亞克被視爲「垮掉的一代」（Beat Generation）的代表人物，他在自傳體小說《在路上》中這樣寫道：

「我卻聽到了新的召喚，看到了新的地平線，我年輕的心對之深信不疑；即便他替我招來一點麻煩，或者即便狄恩最終不把我當朋友，任由我在路邊活活餓死或者在病床上病死——又有什麼關係？我是個年輕作家，我想要上路。我知道，在旅途的某個點上，我會遇見女孩、啟示，以及所有一切；就在這條路的某個點，智慧明珠將送到我手中。[18]」

在路上，在別處，是現代人的普遍存在狀態，旅行也就成了現代人的必需品。現代人本身，就是整個現代世界的棲居者。

我們所有人，或許都只是現代世界的匆匆過客，卻始終以歸人自居。

第9章

隱入塵煙：鄉村是如何空心化的？

鄉村：傳統社會的田園詩

結廬在人境，而無車馬喧。問君何能爾？心遠地自偏。採菊東籬下，悠然見南山。山氣日夕佳，飛鳥相與還。此中有真意，欲辯已忘言。

上述文字出自魏晉時期著名田園詩人陶淵明所作的《飲酒（其五）》，這首詩中的「採菊東籬下，悠然見南山」一句廣爲流傳，也被認爲是一種人生中難得的境遇，因爲這既可以被理解爲一個人心無旁騖、悠然自得的生命狀態，也可以被視爲歷經世事、洗盡鉛華的淡然心境。但無論是何種閱讀理解方式，都離不開「自然」這個基礎。這首詩穿越千百年不斷傳遞給世人的，事實上是我們對鄉村社會、自然山水和田園生活的無限嚮往與美好寄託。

田園及田園詩能否治癒現代人常說的「精神內耗」，我們恐怕無從知曉，但是顯然很多被困在體制中、頹然地奔波於城市中的現代人，都已經將田園和山林作爲解決自己精神內耗或者精神危機的一劑良藥。

田園也好，山林也罷，不只在現代，在傳統社會中也是文人墨客乃至官僚士人的心靈歸宿。修身、齊家、治國、平天下是讀書人的理想，而一旦入仕爲官，便很難做到心靜如水，因此，無數名士都將田園山水當作自己的抒發管道。不過，人的眞實狀況往往「理想很豐滿，現實很骨感」。社會學家渠敬東在對傳統士人的山水畫進行社會學分析時就指出：「廟堂中人，沉浮於塵世，不得不留住歸隱青林的期望，故而郭熙筆下的畫卷，就成了心之歸往的託付了。[19]」山水與田園，既眞實存在於物理世界中，又以書畫、詩詞等方式存在於精神世界中，構成了人們生活中不可缺少的一部分。

錢穆在〈略論中國社會學〉一文中對中國社會的構成進行了很有趣的分析，他說：「今論中國社會，應可分四部分，一城市，二鄉鎭，三山林，四江湖。[20]」在錢穆的語境中，這四部分如同一個同心圓，城市是中心，後三者的範圍則漸次擴展。如果以當下的境況來理解，這四者的關係恐怕會有微小的變化，因爲當今社會中的鄉鎭（鄉村），大致上和山林呈現了高度的對應關係，鄉村、山林及田園有著明確的意象。鄉村應該是原生的，山林應該是自然的，田園應該是純淨的。在這層意義上，鄉村實質上成了現代社會中的某種田園詩。

打開短影音App，能夠看到各種旅行推播影片，其中經常出現這類標題：

不得不去的10個最美小鎮。

別給餘生留遺憾！六大最美鄉村，江西婺源古村落上榜！

十大最美民宿！

上面這些標題充滿了吸睛的文案，如果探究其具體內容，你會發現這些媒體所推薦的小鎮或者民宿地點都在鄉村。近年來，大眾對「旅行」兩個字也有了比以往更多元的理解，很多人不再嚮往名勝古蹟或者名山大川，而是對具有原生態風景的鄉村充滿了興趣。不僅如此，旅行之外，在人生選擇上，也有不少人萌生了退隱田園和回歸山林的念頭，甚至已經做出了這樣的選擇：有人辭掉了工作，甚至賣掉了都市的房產，走進鄉村生活。

上述文字與畫面，在發達的媒體與資訊的傳播下，某種程度上塑造著鄉村的面貌。然而，這種田園詩般的畫面，就是今日鄉村的普遍狀態嗎？前陣子，有一部名爲《隱入塵煙》的電影引起了廣泛討論。這部電影中的兩位主角可以用「生活困苦，命途多舛」

來形容，似乎又為眾人呈現了鄉村生活的另一種面貌。

從這部電影中，我們可以隱約看到過去學術界廣泛討論鄉村時出現的許多專有名詞，像是：城鄉二元結構、城鄉差距、區域差異……緊接著的問題是：這些差異到底是如何形成的？城鄉二元結構和城鄉差距就是我們所看到的收入水準、經濟發展水準的差異嗎？城鄉差距的本質又是什麼？如果仔細觀察就會發現，近幾年來，有關城鄉差距的討論開始減少，那麼，城鄉差距還存在嗎？

不只如此，當我們討論城鄉差距的時候，還有兩個有趣的現象引起了人們的討論。其一是**鄉村人口外移問題**，簡單來說，就是鄉村的人口越來越少，且留守在鄉村的多是老人和兒童，這造成了鄉村發展本身的內在動能不足。另一個問題則是**資本開始湧入鄉村**，比如很多鄉村都將旅遊業當作致富的重要路徑，農家體驗、中高級民宿，乃至越來越多的書店、咖啡館開始出現在鄉村。這兩種現象令人迷惑：鄉村到底有沒有空心化？如果沒有，那為什麼鄉村的成年勞動力越來越少？如果有，那為什麼又有這麼多人源源不絕地來到鄉村，鄉村甚至得到了資本的青睞？

這些現象混在一起，實際上很接近《隱入塵煙》給人留下的觀感。在我看來，這部電影不僅呈現了鄉村生活中一般人的哀愁與困苦，而且默默傳遞出另一種不容易被現代人理解但是容易讓現代人羡慕的狀況。比如，影片中的兩位主角擁有的絕對不是現代人心目中理想的愛情和婚姻狀態，但他們能夠在日復一日的相處中形成大多數人可能都羡慕的情感關係，眞正實現了「相濡以沫」、「同舟共濟」的佳話。

鄉村與田園爲什麼有著如此多的面孔與景象？這讓人捉摸不透，讓人歡喜，也讓人擔憂。實際上，這些困惑本質上源於一個元問題：鄉村對當下的社會而言，到底意味著什麼？爲了回應這個問題，我將在後文中圍繞以下問題展開討論：現代社會中存在著城鄉差距嗎？這個差距的本質是什麼？鄉村空心化問題存在嗎？爲什麼會出現空心化問題？現代都市人爲什麼會嚮往田園？

城鄉差距：結構問題的空間化

在我們所生活的世界當中，存在著城鄉差距嗎？

答案當然是肯定的。那麼，究竟什麼是城鄉差距？就一般理解上而言，它主要指城市與鄉村的經濟發展狀況、收入水準和公共基礎設施的現代化等層面的差異。本節也將只圍繞這些層面進行討論。

如果我們以世界的現代化發展作爲討論範圍，那麼城鄉差距屬於社會的自然現象。在傳統社會中，無論在東方還是西方，或是其他文明中，城市在相當長的歷史時期內並沒有扮演重要的角色，因爲在工業文明來臨之前，城市仍不具備高度的生產力。在傳統時代，民以食爲天是任何文明發展的根本，因此農業主義是歷史上的主流，城市則代表了政治意義與軍事功能，同時附帶有限的商品集散地屬性。隨著工業化的發展，商業勃然興起，城市漸漸有了更重要的意義。隨著農業技術的進步，大量的農業人口開始出現剩餘，而城市興起後，工業、商業、服務業則成爲接納、吸收這些剩餘勞動力的重要場所，這是一般的現代化發展。

我們會注意到，在這個過程中，剩餘的農業勞動力轉向城市的重要前提之一便是農業技術、耕作方式的重大改變。在諸多較早進入現代化發展的已開發國家，鄉村的現代化和城市的現代化整體上是同步的，因此，它們在生活水準和經濟發展上並沒有非常明顯的結構性差異。

然而，中國的情況有所不同。一方面，中國是後現代化國家，在十九世紀的現代化發展非常緩慢，在二十世紀上半又長時間處在半殖民地、半封建社會的狀態之中，被動成為商品傾銷地、低價原物料和勞動力的供給地，整個工業化和現代化發展處於嚴重的停滯狀態。

另一方面，中國是個幅員遼闊、人口眾多且內部充滿多樣性的超大規模共同體，因此，當一九四九年中華人民共和國成立之時，它面對的是一個非常複雜的歷史局面：需要盡快啓動現代化的發展，但是又面臨著「人口多、基礎不佳、地區發展不平衡」的現實困難；更重要的是，近百年的民族屈辱史使人民堅信「落後就要挨打」，而一九五〇年代的基本國際局勢是美蘇兩大陣營的冷戰對抗，在這種情況下，戰爭與國防自然成為新中國發展現代化和工業化首先需要解決的問題。而國防的發展則要依靠資本密集型和技術密集型的重工業，只有理解了這個背景，才能進一步理解一九五〇年代優先發展重工業的政策。

在工業化基礎薄弱、農業人口眾多、技術落後、經濟狀況整體貧弱的情況下優先發展重工業，意味著國家需要將有限的資源集中起來投放到重工業和都市發展，這是理解中國長時間存在的城鄉差距和城鄉二元結構的前提。

爲確保工業發展和城市需要，中國自一九五〇年代開始逐步實施農副產品的統購統銷政策，以低於市場價的統一價格收購農副產品，同時以較高的價格統銷工業品[21]。然而，單純基於糧食的統購統銷和價格落差，並不足以保證將有限的資源集中起來投放到重工業，因爲農民有可能在不理解政策用意的情況下選擇離開鄉村，由此，在特定歷史情境下限制人口在城鄉間自由流動的戶籍制度便產生了。這樣的制度，客觀上造成了中國社會長期存在的城鄉二元結構。

＊＊＊

必須說明的是，我們要將制度放置在具體的歷史脈絡中才能理解。錢穆先生在《中國歷代政治得失》中就指出，在對制度進行評論的時候，人們往往陷入時代意見而非歷史意見之中。所謂歷史意見，指的是在制度實施時代的人們切身感受而發出的意見，而時代意見則是指後人單憑自己所處的環境和需要來批評歷史上以往的各項制度[22]。因此，我們需要將歷史上實行過的制度放置在具體的歷史脈絡下加以理解。在這樣的制度背景下形成的城鄉二元結構，被稱爲「行政主導型城鄉二元結構[23]」，這種城鄉差距極強的歷史性與制度性成因，也導致了城市與鄉村之間在經濟發展、公共基礎設施建設水準，以及人口普遍的受教育程度與文化水準上的差異。

綜上所述，行政主導型城鄉二元結構下所形成的差異，其本質是一種結構化問題的空間呈現，它是作爲後發現代化國家的中國在特定歷史背景與情境下的產物。但是，這種城鄉差距只是某段時間內的狀態，也只是我們對城鄉差距的表層理解，因爲這裡的討論只是圍繞可見的經濟屬性和生活水準等維度展開討論，尙未眞正深入其底層邏輯。

空心化：都市化過程中的子命題

在一九七八年改革開放之後，中國的經濟快速發展，都市化的過程大幅加快。隨著生產和農業耕作技術的不斷提升，在改革開放後，中國農村的生產效率、生產水準都有了一定程度的成長，隨之而來的是農村剩餘勞動力的流向問題。整個改革開放帶來的巨大動能又同時提升了中國城市的發展水準，從而爲吸納大量的農村勞動力提供了無限可能，至於後來衍生的一系列新問題，例如城市融入、子女教育、戶籍制度改革等，學術界已經有不少成熟的研究，這並不在本章討論的主要範疇之內，我想在此討論的是由於城鄉之間人員流動和都市化過程加速而產生的「**鄉村空心化**」問題。

單純從理論邏輯來看，鄉村的空心化問題實質上是人類現代化過程中的自然現象。在法國社會學家孟德拉斯（Henri Mendras）看來，隨著生產技術和經營方式的不斷革新，過去以家庭爲單位開展的農業耕作模式將會發生巨大變化，而朝技術化、集團化、組織化的方向演進，這意味著未來的農業生產更依靠機器而非純體力勞動者，而傳統意義上的農民也將隨之「終結」[24]。孟德拉斯的這個預言儘管只是有關現代化和都市化過程的一種假說，但也確實蘊含在都市化的歷史過程之中。

在現代性的邏輯之下，**城市比鄉村具有更重要的位置**——城市集生產、消費、金融、娛樂於一體，同時又成爲高度流動性的現代社會樞紐，而隨著農業佔用的純體力勞動者進一步減少，將有越來越多人脫離傳統農業，他們要不留在鄉村從事其他行業，要不進入都市。對改革開放後的中國社會而言，從鄉村進入城市的人口流動在過去四十年中明顯體現。然而，需要注意的是，在改革開放的前期，儘管已經出現了大量進城就業的農工，但是鄉村空心化問題似乎仍不明顯，也較少有人提及，其原因在於當時進都市的人其主要目的是賺錢，他們自身與鄉村社會之間的聯繫並沒有被割裂。

但是，隨著第一批農工進入中年，其中一部分人的子女在都市出生，甚至在都市長大，他們具備了一定的經濟條件，就會在都市扎根，讓子女在都市接受教育，甚至條件更好的人還可以將父母從鄉村接到都市生活。而這種長時間的「時空交錯」生活，也在客觀上造成了鄉村社會中僅剩兒童和老人的情況加劇，影響了鄉村社會的發展。從宏觀上來看，都市化過程所帶來的巨大經濟動能對農村產生了巨大的吸附效應，而從微觀上來看，個體在都市中有了更多的機會、更多的可能性，都市也更能爲個體提供平等、自由、多元的現代性體驗。於是，鄉村社會的空心化問題便產生了。而鄉村的空心化又會在很多層面具體表現出來，比如鄉村成年勞動力的銳減，以及鄉村學校和學生的減少。

以上討論的內容，實質上只是鄉村空心化這一問題的可見性實體層面。隨著近年來都市化速度加快，在都市周邊的大量鄉村開啓了各自的都市化過程，在這一過程中，農民的居住環境、生活習慣、工作狀態乃至生計結構都遇到了巨大的挑戰，甚至發生著微妙的改變[25]。這些發生在日常生活層面的變化，也構成了鄉村空心化的另一層涵義。

所謂鄉村空心化，其直接的現象在於人口從傳統意義上的鄉村流出，其帶來的效果在於鄉村社會的活力下降，對經濟與社會發展的創造力不足，而其更深一層的影響則在於對鄉村原有倫理秩序和生命體驗的衝擊與改造。如果說後兩者問題在某種程度上是不需要直接干預的自然發展，那麼，前者則已經引起了廣泛關注，因爲人是現代社會中最重要的生產要素，而鄉村人口銳減，將影響整個鄉村社會的經濟生態。

那麼，究竟該如何解決鄉村空心化的問題呢？

可能有人認爲這個問題不需要解決，這同樣是個自然的、無須干預的過程，因爲當湧入都市就業的人口越來越多，直至飽和之後，無法在都市留下的人自然會回到鄉村，甚至都市在發展過程中也會出現「逆都市化」（counterurbanization）的現象，但是這種論斷在某種程度上忽略了都市的接納度。無論在就業類型還是在都市規模上，中國的都市都有著比想像中更大的容量和更多的層級。不僅如此，即使某些大都市透過房價和政策實現了對人口規模的控制乃至壓縮，這些從都市流出的人口也未必會回流到鄉村。

在這裡，我無意從公共政策的角度來提供對策或建議，反而想在這裡分享某次田野調查中的所見所聞。前幾年，我曾經在陝西的幾個村莊進行田野調查，主題是這幾個村莊的脫貧問題。在調查過程中，有一個村莊讓我印象深刻。這個村莊位於山裡深處，但是它有兩家村辦集體企業，我們還在調查中發現，這兩家村辦集體企業不僅不是「空殼」，而且是具備較強營利能力的集體企業。這個村莊的另一個特色，便是村裡很多中青年勞動力不是自己種田，就是在村辦企業上班，形成了一幅欣欣向榮的景象，並未陷入其他地方普遍出現的空心化狀態。

此外，我們還有一個發現，那就是這個村莊中有一所非常現代化，規模也不小的小學。當我們問起這所學校的情況時，村長說這是他們聚集全村之力興辦的學校，之所以在一個規模不大的村莊裡付出如此大的努力，除了重視教育，還有另外的考量：在他們看來，在廢併校、人口流失的情況下，自行興辦小學，能夠吸引自己村莊的孩子以及周圍村莊的孩子到本村上學，而學生家長也可以在本村找到營運不錯的實體企業工作，這樣就能吸引成年勞動力留在村莊，因而在眞正意義上對抗了鄉村空心化的潛在風險。

我在這裡提及上述例子，並不是說這個案例具有可複製性和可推廣性，而是想強調，儘管流動性增加是現代社會的特徵，但是這並不意味著鄉村就會徹底空心化，特別是對於有著深厚歷史文化傳統，同時又存在著高度異質性的超大規模共同體來說，**可以試著考慮如何避免極端空心化現象，而這一問題的真正焦點，就在於人的扎根。**

著名社會學家費孝通先生寫過一本名爲《江村經濟》的書，這本書是對新中國成立前長江三角洲地區一個村莊的經濟模式、社會結構的全方位調查。他在對鄉村社會中的產業類型、耕作模式、土地制度、信貸情況等進行分析之後，明確寫道：「最終解決土地問題的辦法不在於緊縮農民的開支，而應該增加農民的收入。因此，讓我再重申一遍，恢復農村企業是根本的措施。[26]」實際上，費孝通的基本觀點可以用「離土不離鄉」和「鄉村工業化」這十個字來概括。在他看來，鄉村是中國社會的關鍵所在，因爲它不僅關乎糧食生產，還關係到大量人口的安居樂業，以及社會的內在倫理秩序。由此，他提出了「有農則穩，無工不富，無商不活，有智則進」的鄉村整體方案[27]。

仔細想來，這不正是應對鄉村空心化的最本質的方式嗎？

走進山林：水泥森林的烏托邦

在日常生活裡，一方面，我們可以感受到很多鄉村處在空心化的狀態中；另一方面，我們也能感受到都市人對鄉村和田園的嚮往，以及資本對鄉村與山水的青睞。

拋開將鄉村納入都市化這一過程所帶來的房地產開發利益不談，近年來，至少在新冠疫情爆發之前，資本對鄉村的投入體現在旅遊上，特別是民宿業。根據《民宿藍皮書：中國民宿發展報告（二〇二〇—二〇二一）》，鄉村民宿在整體民宿業中佔有一定的比重，並且持續升溫。截至二〇二〇年，有七六．九一％的民宿位於鄉村地區[28]，而二〇二〇年九月二十九日，國家市場監督管理總局與國家標準化管理委員會還聯合發佈了《鄉村民宿服務品質規範》，該標準以浙江德清鄉村民宿的地方標準爲基礎，在設施設備、安全管理、環境衛生、服務要求等方面提出了更詳細的規定。

＊＊＊

那麼，爲什麼民宿業會在一段時間之內得到快速發展與增長呢？爲什麼許多現代人將自己的旅行目的地定在鄉村、田園和山林呢？爲什麼很多人出遊的住宿選擇不是飯店而是民宿呢？

在〈第八章：跟風旅行〉中，談過爲什麼現代人心中總有一個遠方，在此，讓我們嘗試更具體地討論一下，爲什麼很多都市人將鄉村與田園作爲自己心中的「遠方」？他們究竟在期待什麼？鄉村對於他們而言又意味著什麼？

現在的鄉村民宿，有的面朝大海，有的建於森林，有的棲於山谷，總之都離不開「大自然」。這是很容易理解的表層動機——對生活於快節奏、高強度狀態之中的都市人來說，除了高度「內捲」所帶來的身心疲憊，長時間生活在水泥森林中也會讓自己感到與大自然漸行漸遠。因此，人們迫切期待著自然氣息、田園風光、鄉野美食，希望能夠在原生態的地方降低自己身上附著的工業性和現代性，喚醒生命中的「自然」部分。此外，在心態上，相較於現代都市，鄉村生活及鄉村社會往往給人「純樸」、「善良」、「好客」等印象。一般來說，鄉村是一個「熟人社會」，鄰里間彼此熟絡，互相照應，鄉土的自然氣息中蘊藏著脈脈溫情，撫平了都市人的孤獨。

應該這麼說，現代性塑造了都市這樣的「鋼鐵盒子」，都市人生活在水泥森林中，人與人之間更依靠契約、法律等外部性規定來約束自我的行爲，也就此形成了現代文明。他們以科學、理性爲共同價值，彼此之間關係平和且界限感分明。從整體上看，相較於鄉村人，都市人有更高的教育水準與收入，在個人生活上也更加強調獨立與平等、講究衛生、相信科學。這是我們在日常生活中所形成的一種刻板印象。

然而，與鄉村不同的是，都市是異質性人群的聚合體，特別是在一九七八年改革開放之後。計劃經濟體制下的單位制開始解體，隨著住房體制改革的推進以及都市房地產業的飛速發展下，住房條件雖然改善了，但是同一個社區住的都是各行各業、之前沒有交集的陌生人，很多時候連鄰居彼此之間都不認識。**職業帶來的焦慮、生活的負擔以及周邊陌生人世界塑造的「孤獨」，都使人們對鄉村和田園產生了嚮往**。在我看來，上述這些隱性要素，才是經濟水準之外城鄉差距的本質。

或許你會認爲，現在的鄉村也不完全是「落後」或「髒亂」的，還有很多乾淨、美麗、先進的鄉村，高級民宿也開始在鄉村社會中大量出現，這難道不是城鄉差距正在縮小的表現嗎？實際上，隨著經濟社會發展水準的不斷提升，城鄉差距正呈現出彌合的狀態。都市化的過程使城鄉之間的地理邊界變得越來越模糊，而隨著城鄉之間的人口流動越來越頻繁，城鄉之間在生活方式與觀念認知上的差異也在彌合；更重要的是，隨著網路的普及，城鄉之間在經濟層面逐漸變成了越來越緊密的整體。

一到週末，只要天氣好，高速公路就會異常擁塞。很多都市人會利用休假、週末等機會，自駕到郊區、鄉村去享受大自然，安頓心靈。然而，其中蘊含著一個問題：當鄉村中充滿了高級民宿，當城鄉之間的這些形式差距越來越小，都市人去鄉村還能找到他們所希冀的溫情與大自然嗎？

在我看來，鄉村能夠在相當長時間內成爲社會的田園詩象徵，承載著現代人對於美好生活的想像，某種程度上來自於它的熟人社會和鄉土社會的本質。關於「熟人社會」，費孝通在《鄉土中國 生育制度鄉土重建》中這樣寫道：「熟悉是從時間裡、多方面、經常的接觸中所發生的親密的感覺。[29]」簡單來說，「孤獨」的對應詞是「親密」，而這裡的親密並非僅僅指男女之間的親密關係，而是指人與人之間由於共同的日常生活，甚至是從沒有那麼多的界限感而產生的「相熟」，也就是我們經常說的「交情」、「人情」。

從理論上來說，這與現代社會特別是都市生活中所強調的人與人之間的界限感、獨立感及外部規則性格格不入。因此，費孝通也坦言：「『我們大家都互相熟識，打個招呼就好了，還需要多說什麼嗎？』——這類的話已經成了我們現代社會的阻礙。[30]」

現代人習慣了規則，習慣了由生活的界限感塑造的「自我空間」，卻也放任「由熟而親」的溫情逐漸消逝。這些難道是可以透過去鄉村旅行找回來的嗎？更何況，當一棟棟有著獨立衛浴、有著無線網路和現代裝修風格的高級民宿矗立在鄉村的時候，鄉村本身也在變得越來越趨近於都市，這種趨近都市的變化，實際上也是界限感和由此產生的疏離感增加的過程。**之所以會出現這種鄉村的狀態，難道不是因為我們正在將鄉村視為「烏托邦」來加以對待嗎？難道還有比「烏托邦化」**更典型的空心化嗎？

＊＊＊

現代文明充滿悖論與緊張，人們也生活在糾結與自我分裂之中：我們總希望和他人保持著清晰的界限，不想要被冒犯、被打擾，但我們同樣不希望自己處在孤獨無依的狀態中。當人們進入鄉村，進入被資本打造的景觀，進入高級的民宿、充滿情調的咖啡館時，可曾想過，這樣的鄉村真的可以縫補現代人的「憂傷」嗎？

現代文明的另一個特色就是，它以進化論和進步觀念重新塑造了個體的認知，在人們的腦海中，很容易形成「現代－傳統」、「先進－落後」、「科學－愚昧」、「潔淨－骯髒」的二元化思維。人類學家道格拉斯（Mary Douglas）曾用「潔淨與危險」爲題，撰寫了一部關於非洲部落的民族誌，這本書主要討論的是以「現代」自居的西方宗教與原始宗教的差異。她敏銳地注意到，現代西方宗教以「潔淨」爲自我標籤，與之相對，他們認爲原始宗教有很多信仰和儀式是充滿「污穢」的，道格拉斯認爲，這種理解方式是非常典型的**現代人的「建構」**[31]。這樣的理解方式同樣有助於我們對城鄉關係、城鄉差距的理解。例如，混用碗筷等在很多現代人看來不衛生的習慣，可能恰恰意味著彼此之間的熟悉，很多時候，這也是溫情的展現。

最後，我想分享一個自己的田野故事。我是土生土長的都市人，於二〇〇八年第一次獨立展開社會學意義上的田野調查工作，在河北的某個村莊進行了八個月左右的田野調查。社會學的田野調查強調「同吃同住同勞動」，那時我就住在村民的家裡。

我記得，當時正值山核桃成熟，我的房東大叔從自家農地拿了好多裹著青皮的核桃招待我，但當時的我完全沒有見過這種外包青皮的核桃，甚至不知道這是核桃，一時間不知所措，無從下手。房東大叔善意地調侃我：「這都市裡的大學生，連核桃都不會剝啊！」從那一刻起，我開始意識到，所謂傳統與現代的差異，都市與鄉村的差距，其本質是由於生活世界的結構性要素不同而產生的知識系統差異。於房東大叔而言，我當時是有知識的都市人，但是當我進入從未生活過的鄉村時，我的知識其實是匱乏的，我不知道青皮核桃，分不清田裡種的各種蔬菜，甚至我在剛進入鄉村時，都不知道如何「趕狗」。或許，這才是城鄉差距的本來面貌。

鄉村的空心化，不只是人的流失，而且是城鄉之間在生活世界與知識系統上的又一次彼此靠近。現代人應該眞正考慮的是：我們如何能夠在生活世界中避免對鄉村的烏托邦式理解？這或許是我們在面對鄉村空心化時應該思考的元問題。

第10章

有家無房：

房子與人生的關係是什麼？

不動產：勞工們的緊箍咒

民之為道也，有恆產者有恆心，無恆產者無恆心。苟無恆心，放辟邪侈，無不為已。及陷乎罪，然後從而刑之，是罔民也。焉有仁人在位罔民而可為也？是故賢君必恭儉禮下，取於民有制。陽虎曰：「為富不仁矣，為仁不富矣。[32]」

上面這段文字出自經典典籍《孟子》中的〈滕文公上〉部分。這段話的背景是滕文公詢問孟子究竟如何治理國家，孟子便如此回答。其原義大概是：治理國家的基本規律在於，如果人民有固定的產業，那麼他們便會有一定的操守；反之，如果人民不能安居樂業，沒有自己固定的產業，那麼他們便不會有操守準則。而人民一旦沒有操守，便會放縱自己，什麼事情都做得出來。如果到了這一步，爲政者再對他們進行懲罰，那就等於陷害人民。一個眞正的仁德之士，是不會做出這種事情的。所以賢明的君主一定會恭儉禮讓，以禮優待下面的人，從人民那裡徵收稅金、獲取財富也應該有固定的制度。陽虎說：「想發財就無法保持仁愛，想保持仁愛就不可能發財。」

我在本章開頭引用這段話，並且對這段文言文進行闡釋，並不是要在這裡討論孟子的政治理念與仁政問題，而是因爲「有恆產者有恆心」這句孟子在兩千多年前說出的話，直到今日還在不斷被我們反覆引用和銘記，只不過現今在重複這句話的時候，往往都是在討論現代人頗爲關切的一個問題：房子。

改革開放後，中國進入了經濟高速成長、社會快速發展的階段，層出不窮的社會熱門話題被大眾關注和討論，包括網路、娛樂圈、區塊鏈、元宇宙等話題。但是這些就算「紅極一時」，也沒辦法像房地產一樣，達到「萬古長青」的程度。自中國從一九九〇年代開啓住房的商品化改革以來，房子成爲討論最多、持續時間最長的社會議題。「高房價」、「溫州炒房團」、「地王、樓王」、「房地產限購」、「放貸斷供」等都曾經是被大眾熱議的話題。

近年來，隨著房地產經濟的整體增長趨緩，甚至出現了房價下降、房地產交易量下降的狀態，而在近期，以鶴崗爲代表的一些地區更是因其超出民眾預期的低房價而頻頻引發討論，甚至出現了「四萬人民幣一套房的鶴崗，是年輕人心中的白月光」這樣吸睛的標題。近似鶴崗這樣在以往毫無知名度的偏鄉小鎮，一躍成爲年輕人心目中的世外桃源，其主要原因就在於超低的房價。

在過去的三十年間，買房、房價、房地產這些詞已經形成了一個以「房子」爲核心的巨大IP，不斷刺激著每個人脆弱而敏感的神經，甚至由此衍生了一系列有關人生問題的困惑、思考與迷茫，像是：年輕人到底應該買房還是租房？結婚就一定要有自己的房子嗎？可以租房子結婚嗎？到底應該爲了夢想寧可在大都市租房打拚，還是應該爲了安逸在小鄉鎮安居「躺平」？

＊＊＊

不只如此，在《道德與法》、《社會觀察》之類的節目中，我們還能經常看到由於房產繼承、財產分配等問題而產生的法律糾紛，而房產分配也是諸多離婚案件中的常見問題。此外，近二十年來社會的發展，既是房地產勃然興起的過程，也是快速都市化的過程，都市中有大量的老舊房屋和平房被改建成現代化的住宅。

我林林總總說了這麼多，實際上只是想讓大家有更明晰、更直覺的認識，即如果挑選一個中國改革開放四十年來的熱門關鍵字，那麼非「房地產」莫屬。圍繞這個詞，不知道演繹出多少悲歡離合的人生故事，它實在是個「讓人歡喜讓人憂」的獨特存在。

實際上，無論是在經濟學界還是在社會學界，圍繞房地產、土地財政等問題已經有了很多研究，那麼在這本書中，我要討論什麼呢？從底層邏輯的角度來說，我並不想圍繞房地產這三個字討論太多，而是想追問一個日常而通俗、簡明而直白的問題：**房子對於我們到底意味著什麼**？或許，這個問題的另一種表達方式是：「沒有房子的人生，究竟是不是失敗的？」爲了能有一個整全性的回答，我們需要將這個看上去簡單的問題進行拆解。

爲什麼房地產會成爲在過去三十年中持續繁榮的產業？爲什麼人們對擁有不動產這麼執著？有房子，就等於人生幸福和成功嗎？

地產：生產鏈的引擎

當我們嘗試回答「爲什麼房地產會成爲在過去三十年中持續繁榮的產業？」這個問

題時，似乎是在做無用之功，因爲已經有太多新聞分析、產業觀察及學術研究圍繞這個問題進行過詳細的討論。爲避免過度重複，我們不妨先來看一組資料。

根據中國國家統計局的相關資料，二〇一一到二〇二〇年，平均房價從人民幣一七七八二元／坪，漲到了三二五九五元／坪，而仔細來看，中國已經有七十七個都市的房價突破了萬元大關，一百零三個縣的房價超過萬元。如果把這個數字的時間軸拉得更長，往前回溯至一九九九年，我們就會發現，全國平均房價是從六〇九三元／坪開始上漲的[33]。

儘管近兩年隨著相關房地產調控政策的出現，整個房地產業在降溫，甚至有一些開發商出現了債務危機，但是整個房地產作爲硬需品（房屋）的提供者和製造者，依然具有極大的影響力。那麼，人類用來居住的房屋，究竟是如何變成熱門產業甚至經濟支柱的？爲什麼它會具有如此大的效能呢？

中國社會中出現「**商品房**」這種房屋形態，最早可以追溯到一九八七年。當年十二月一日，正處在改革開放中的中國，首次以公開拍賣的方式有償轉讓國有土地使用權，深圳經濟特區房地產公司（現爲深圳經濟特區房地產股份有限公司）原總經理駱錦星舉起號碼牌，贏得中國土地「第一拍」，並隨後建成了中國第一個商品房社區——東湖麗苑[34]。之所以要提起這段冷知識，是因為這是個重要的標誌——意味著房屋第一次在中國以「商品」而非「社會福利」的方式出現，而這個歷史標的物的出現，意味著整個社會生活邏輯的轉變。

隨著住房的商品化改革，房子成為商品，由市場完成供給，而為了實現這種供給需要依賴人們用貨幣進行購買。不僅如此，房屋的商品化還意味著它可以被出售——這裡的出售不僅指房地產開發商的銷售，也包括二手屋交易。由此，商品化的房屋很快具備了貨幣化的屬性，而且這個貨幣化的屬性有著極大的「魔力」。德國社會學家齊美爾（Georg Simmel）在其名著《貨幣哲學》中指出，現代人的群體性精神氣質是被貨幣所刻畫的，**整個現代社會的重要底層邏輯和鮮明特徵便是由貨幣的大範圍流通帶來的**——貨幣從絕對手段變成了絕對目的[35]。

在市場經濟的框架下，具有貨幣屬性的房屋實質上也已經從絕對手段變成了絕對目的。房子其實只是人類生活的工具而已，但在現實中，它變成了人生的目的，許多人奮鬥打拚一輩子，只是為了擁有一間屬於自己的房子。

商品化與貨幣化還無法完整刻畫房地產的特徵，它的第三個特徵是「金融化」。幾乎房地產的所有環節都離不開金融。無論是土地的拍賣、建築施工，還是房屋的出售和二手屋交易，都高度依賴金融工具，深深嵌入於金融體系之中。不僅如此，有了金融工具這個巨大的推動力，房地產的引擎效果就可以完全實現：它關乎鋼筋、水泥、建材、家居、建築、裝修等無數上下游產業，還攸關道路、城市景觀、度假旅遊等產業的發展，更關係到一個都市的GDP（國內生產總值）水準、都市化程度、地方政府的政績等。在這層意義上，幾乎從未有哪個行業能夠像房地產這樣，撬動如此多的產業。當一座座高樓在城市中拔地而起，它既吞噬著財富、透支著未來，又在客觀上源源不斷地提供就業機會，提升經濟活力。

＊＊＊

社會學教授周飛舟在他的研究中認爲，中國房地產業和建築業的興起，與一九九四年的分稅制改革緊密相關。建築業、房地產業的稅收是地方政府預算收入的支柱，隨著土地開發、房地產的興起，政府的財政實力會不斷增強，而其收入的增長又會進一步擴大融資規模和徵地規模，因此，土地收入、銀行貸款、都市建設、徵地形成了一個不斷滾動增長的循環過程。這種發展模式是土地、財政、金融「三位一體」[36]，而房地產在其中扮演著重要的角色。

衣食住行是人們常說的四大生活必需品，「衣食行」這三項儘管重要，但都不具備「住」在社會中所具有的商品化、貨幣化與金融化特徵，更不具備「住」所帶來的經濟效應。在這層意義上，我們才能理解房子是如何成為現代社會中的生產鏈引擎。

異鄉：房子與家的關係

前文只是用相對簡單的語言和簡化的邏輯，對房地產在經濟鏈中的結構性位置進行了討論，在某種意義上，這只回答了開頭提到的「為什麼房地產會成為在過去三十年中持續繁榮的產業」這個問題。接下來，我們嘗試回答「為什麼人們對擁有不動產如此執著」。與此同時，還需要一併探討的是，在眞實的生活世界裡，房子與家之間的關係究竟是什麼。

沒有房子的人生是失敗的嗎？這可能是縈繞在很多上班族心頭的問題，它就像一個總會在耳邊響起的聲音，不斷考驗著現代人的心理耐受力。實際上，在這個問題背後更本質的問題在於，房子與家究竟是何種關係。

以日常生活的經驗來看，沒有房子的人生當然是失敗的。因爲沒有自己的不動產，我們似乎很難在生活中建立安全感和確定性：我們要看房東的臉色行事，會陷入不斷搬家的處境，甚至有可能會出現居無定所這種極端的狀況。不僅如此，沒有房子還會影響孩子的就學，影響個人所得到的社會評價——不管是對有產者或無產者來說，因爲有無自己的房子、有什麼樣的房子，這些甚至都比其他消費品和奢侈品更能夠成爲一個人的社會身分標誌。這並不難理解，但是，足夠回答那些疑問了嗎？

或許，我們還可以提供「有恆產者有恆心」、華人一直有著「安土重遷」的觀念等答案。在這個語境下的「有恆產者有恆心」，實質上是按照馬斯洛需求理論的邏輯來理解——房子是人最基本的需求，只有得到這方面的滿足才能再往上討論更高層次的需求；「安土重遷」這種解釋，實際上約等於用A解釋A，是一種對具體問題的抽象回答，因爲它有一個前置性問題：究竟該如何理解「安土」？究竟什麼是「安」？「安」又爲什麼要建立在「土」上？

在我看來，現代社會裡，房子與家的關係不外乎四種：有房有家，有房無家，無房有家，無房無家。

實際上，在上述四種關係類型中，「有房有家」和「無房無家」是最容易理解的，如果我們將幸福感這種主觀心態視爲一種光譜，那麼，「有房有家」和「無房無家」毫無疑問處於光譜的兩端。有房有家是絕對意義上的幸福美滿，無房無家則是絕對意義上的人生淒慘，而中間兩種類型似乎邊界模糊且不易理解。

實際上，有家無房的狀態不必過多闡釋，因爲無論在各種媒體上，還是在日常生活中，我們都會聽到、看到類似的新聞，比如「租房的人生一樣幸福」這樣會被認爲是「雞湯」的故事。這裡不對有家無房的狀態做過多闡述，不是因爲它在現實中不存在，而是因爲有家無房的狀態實際上存在很大的個體性差異，每個身處其中的當事人恐怕都有著不同的人生故事。

我們主要將會討論「**有房無家**」這種聽起來離奇，實則非常普遍的狀態。

有房就幾乎等於有家了，或者說，有房是有家的前提。然而，現實的狀況是，很多人買了自己的不動產——哪怕是全額買房或者房貸壓力根本不大——卻在現代的生活節奏中把房子當成了飯店，而不是當成家。

一方面，生活節奏的強度給了人空前的壓迫感；另一方面，人們的生活高度流程化。對多數人來說，不論是有房還是沒房，不論是進出辦公室的白領階級還是藍領族，大家都是被困在體制中的勞工。外送族爲了搶單奔波，菁英白領爲了績效加班奔命，大學生爲了學分成績成爲「捲王」，年輕教師爲了發表論文而掉髮。各行各業都逐漸形成了瘋狂加班的「內捲文化」。

仔細回想一下，一個收入處於所在地平均水準的人，每天又有多少小時能夠待在自己的家裡呢？如果再計入住在市區外圍可觀的通勤時間，每天能有八個小時待在自己的房間裡就已經足夠幸運了。如果我們將自己暫時拉回疫情來臨之前，那個時候，各地的捷運、高鐵站幾乎每天都人流如織，大家行色匆匆，要不在趕往下一個出差目的地，要不準備開啓一場「人生中不得不去的旅行」。

在這樣的情況下，一年之中或者一個月之中，又有多少人能安安穩穩窩在自己的小天地裡面呢？在很多關於房價的討論中，一個重要的測量指標便是前文提到的收入／房價比，但在我看來，如果可以，不妨計算一下房價／時間比，這裡的時間是指每個產權人每年在自己的房產住所居住的時間。如果我們排除疫情這個突發變數，恐怕很多人會發現，自己做了一筆非常不划算的買賣。

＊＊＊

從本質上來說，現代人的基本生活就是「被剝奪」和「被侵佔」的狀態——這並不是馬克思經典意義上的剝削，而是一種全方位的被剝奪狀態。現代人不僅在生產結構中處於劣勢，還被資方無情地榨取著剩餘價值，時間和精力也被無限侵蝕。當一個人拖著職場帶給自己的滿身疲憊回到家中，面對嘮叨或者坐在一旁只知道玩遊戲的伴侶，還要面對教導孩子寫作業這項足以令人血壓飆升的工作時，他會有一種怎麼樣的生命體驗呢？

現代人的生活，嚴酷一點來說，就是一場不折不扣的戰爭。在這場戰爭中，伴侶和家人變成了一種合作的戰友關係，而一旦遇到了「豬隊友」，合作關係就會呈現出「在鬥爭中求合作」的緊張狀態。

以上種種，都是對「家」的本質最無聲而又無情的侵蝕。因此，現代人必須承認和面對的殘酷事實在於：我們時常不得不面對有房無家的狀態，不論你的房子是買的還是租的。不過，這就涉及了一個關鍵的元問題：何以爲家？

何以為家：現代人的元命題

提起「家」這個字，人們恐怕會有無數種闡釋，它也是社會學研究者理論上最應該熟悉的概念，因爲家庭是人類社會中最普遍的群體類型。翻開任何一本家庭社會學或者社會學概論的教科書，我們幾乎都會發現上面寫有「家庭是社會的基礎」之類的話語。然而，在我看來，「家」的實質社會內涵遠比教科書上寫得還豐富。

以當下的普遍眼光來看，所謂「家」和「家庭」，不外乎兩個要素，一個是血緣關係，一個是財產關係，這兩個要素無論在傳統時代或現代社會，都是理解「家」的重要角度。但是，現代人忘記了一點，那就是血緣也好，財產也罷，都只是理解「家」這個字及其衍生詞語的表層。家的本質是長時間的共同生活與生命體驗，以及在此基礎上衍生的習慣、倫理與情感。

錢穆在《國史大綱》的開篇這樣寫道：「所謂對其本國以往歷史略有所知者，尤必附隨一種對其本國以往歷史之溫情與敬意。[37]」儘管這句話是在講歷史，但是溫情與敬意這兩個詞對於我們理解家的形態及其衍生的一系列問題，依然有巨大的幫助。

何謂溫情與敬意？溫情何在？敬意何來？

這兩個詞並沒有這麼難以理解。於大多數人而言，所謂家，便是充滿溫情的地方，它之所以充滿溫情，並不完全是因爲父母是給予你生命的人，而是因爲你和你的家庭、你的家鄉有著一段長時間的共同生活經歷，正是因爲有了共同的生活經歷，哪怕這些經歷中愛恨交織、悲喜交加，也不妨礙基於眞實生活體驗，對家和家人的那種斬不斷的脈脈溫情。**有了具備真實基礎的溫情，那麼自然會產生敬意**。當然，這裡所講的敬意並不是表面的恭敬和形式化的服從，而是來自內在的情感。

舉個簡單的例子，網路上曾經有一句很經典的話：「母校是什麼？母校就是只能我自己說它不好，別人不許說它不好的地方。」實際上，家和母校在這層意義上屬於同一範疇。我們對家、對母校既不是無原則地服從，也不是無腦地批判。這大概就是對溫情與敬意的通俗理解。

在華人社會的歷史脈絡中，家不只意味著這種溫情，在它的構成要素中，還有倫理。所謂倫理，用最直白的話來講，就是人與人之間的關係，如果我們從純粹的知識角度來看，華人社會中的倫理，其本質就是家的關係及其擴展。父慈子孝、兄友弟恭，這些儒家傳統倫理現在看來或許有著「封建家長制」的色彩，但是在不對其進行價值評判的情況下，這幾個字實質上是在講人與人之間的關係。

更有趣的是，在華人社會的運行機制中，「五倫」中的君臣與朋友，也可以被視爲「家」的衍生：君臣是父子的衍生，朋友是兄弟的衍生。費孝通在研究傳統社會的治理機制時，曾經提出「雙軌政治」的概念。簡單來說，傳統社會的治理，有自上而下的君主權力和自下而上的鄉紳權力兩條軌道，因爲交通、技術等限制，傳統社會中自上而下的君主權力只執行到「縣」，而縣以下的地方長時間以民間社會的士紳爲中心實行著某種意義上的「自治」[38]。更值得注意的是，這兩軌之間是有著天生的連結，這份連結便是上面講到的「倫理」——無論是君主還是庶民，都共用著同一套意義系統和倫理系統，也就是共用著家的內在邏輯。

倫理透過「四書五經」成爲書面化的表達及知識系統，更是人們共同認可的生活規範，這些規範不只留於口頭上和文章中，還會變成個體在日常生活裡的習慣。因此，當我們討論到「家」時，不能只停留在財產、血緣甚至DNA層面，而要看到眞正意義上的家是一種對共同生活的人、共同生活之地方的歸屬感。如果說歸屬感這個詞有點模糊和抽象，**那麼，這種歸屬感的基礎便是共同的生活經歷，並由此而產生的習慣、倫理與情感，它鐫刻在個體的生命中，是在綿長而真實的歷史中慢慢堆積和生長的。**因爲是刻在日常生活中的習慣，所以關於家的概念、情感甚至執念一直留在我們的血液中，這才是家的本質。

＊＊＊

在高度流動性、高度異質性及高度流程化的現代社會節奏中，眞正對我們的生活構成挑戰的，恐怕並不只是包括房子在內的經濟壓力，它在很大程度上割裂了我們與家的關聯，限制了我們對家的理解。

一方面，現代社會由於其高度流動性和異質性，因而具有「外部性」特徵。這是指現代個體更依靠各種「**外部性關係**」來形成人與人之間的秩序。無論是法律還是契約，都屬於此類，它們是依據人的行爲而做出裁斷，也是對人的行爲進行裁斷，至於內心如何、道德高低、情感親疏，實際上並不在這些外部性關係的考量範圍之內。或者說，法律主要依據行爲進行裁量，至於行爲背後的深層動機，法律儘管會予以考量，但是由於動機本身在終極意義上不可驗證而只能將其作爲參考。這就是所謂「外部性」。

在現實社會的生活中，人類秩序的許多領域從邏輯上來看都屬於「法外之地」，例如我們經常說的「清官難斷家務事」，究竟「難斷」在哪裡呢？難就難在長時間的歷史之下，家並不是講「理」的地方，家是由包括情感、價值、倫理等在內的「**內部性要素**」所構造，是充滿溫暖與人情的。然而，進入現代之後，法律漸漸開始介入家庭生活，無論是夫妻間的婚姻問題，還是父母子女代際的財產繼承問題，都已經屬於法律裁定的範疇，這固然是現代性的「進步」。不過，如果我們換個角度來看，以最爲常見的財產繼承中的官司爲例，兄弟姐妹圍繞父母的財產分配問題對簿公堂，無論孰是孰非，進入司法程式的那一刻，實質上則宣告著倫理意義上的溫情以及「家」也隨之瓦解。

另一方面，現代社會的時空節奏使每個人都處在懸浮的、難以附著的狀態中。我們跟家的關係、跟自己所住的房子的關係、跟自己生活的社區和都市的關係，都處在一種懸浮狀態。不論如何變化，人類作爲社會生物的自然規律是：歸屬感和內生性情感、倫理關係的產生最需要的是時間，因爲時間可以讓共同經歷成爲習慣，並以此產生情感與倫理。

然而，時間對大多數現代人來說剛好是不折不扣的奢侈品，屬於自己的時間更是奢侈品中的稀缺物。**在這層意義上，越是日常中天天相見的人，越是生活中每天居住的房子，就越朝著純粹功能化的方向演進，而越來越難以形成「非功能化的內在關聯」**。由此，當我們探討家與房子的關係時，眞正面對的時代課題是：如何在現代生活中重建眞實的「家」？

第三篇

空心的個體

第11章

象牙之塔：教育行業是如何變成來料加工業的？

一點也不悠閒：大學生面臨的龐大壓力

在成爲一名大學教授之後，我面對以下兩個問題經常欲言又止、愁苦萬分。

第一個問題：你們大學教授是不是特別輕鬆啊？不用帶班級，上完課就走，時間都是自己的，眞讓人羨慕。

第二個問題：你們上課是不是也很輕鬆啊？因爲大學和高中不一樣，沒有升學的壓力，大學生的學習差不多就好。

這兩個問題，其實是社會大眾美好而殘酷的誤會。關於第一個問題，從表面上來看，大學教授確實不用帶班，到學校上完課就可以回家了，大學教授一個學期多則四五門課，少則一兩門課，甚至有可能一學期都沒有課。這樣的工作，相比於困在體制裡的上班族來說，簡直就是可望而不可即的天堂。但我們先來看看下面這則新聞。

二〇二一年六月七日下午，中國東部某大學的一位教授持刀殺害了所在學院的黨委書記。這件事在網路上引發了大量討論，許多媒體都對此進行了深入的報導與分析，同時引起了對當下大學「非升即走」制度的廣泛爭議。所謂非升即走，是當下部分中國大學的一種績效與人事制度。一位博士（或者博士後）在其畢業後進入大學成爲一名青年教授之日起，頭上便懸著一把名爲「非升即走」的達摩克利斯之劍*。在合約年限之內，除了完成一定的教學任務，還要發表若干篇學術論文，並且要成爲研究計畫的主持人。不僅如此，青年教授往往還要擔負半年到一年的行政工作。只有在規定期限內完成這些KPI，達到所在單位副教授職稱的要求，才能繼續在原單位工作，並且升職爲副教授。如果達不到，那就只能自行離職，另尋出路。一些媒體揭露，上述新聞中出現的悲劇，就和非升即走帶給教師的高壓有關。所以，悠閒是對大學教授這個職業的最大誤解。這些人看起來不用帶班級，但是永遠在工作狀態，因爲在當今的大學體制中，每個人無時無刻不在想著該如何寫論文，如何完成KPI。

第二個問題認爲大學教授上課看上去很輕鬆，反正學生也很自由，上課不過如此而已。思考這個問題之前，我們不妨來進行一下「知識考古」。如今，「內捲」、「捲王」、「太捲了」已經成爲流行語，那麼，大家知道「內捲」這個原本屬於學術概念的詞語是如何成爲流行語的嗎？大概在二〇二一年，某知名大學學生邊騎車邊用筆記型電

*意指能力越大，責任越大；權力越大，責任越大。一個人獲取多少榮譽與地位，就要付出同樣的多少代價。

腦做PPT的照片被瘋傳，也由此將「內捲」這個學術概念引入了大眾視野，「捲王」一詞也應運而生。學習刻苦到如此程度，難道不是好事嗎？實際上，一張照片所引發的網路現象，並非針對刻苦學習本身，也非針對照片中的主角，而是在喟嘆「學習的本質」這一「哲學問題」。實際上，由於就業壓力漸增，在高等教育中「拚績點」、「拚獎項」，進而「拚履歷」的情況非常普遍。不僅如此，還有大量的學生準備報考研究所，二〇二二年的研究所備考人數達到了四五七萬，畢業率卻不到二五%。以上種種，都在客觀上促進了「捲王」的誕生。

＊＊＊

或許你會說，大學不再輕鬆、不再放水、競爭嚴格，從而逼著學生刻苦學習，這不是一件好事嗎？這個想法過於簡單了。試想一下，一個十幾歲的年輕人，在千軍萬馬過獨木橋的考試後進入了大學，**又往往根據「哪個產業更好找工作」的實用性判斷而選擇了一個科系**，在進入大學後，才突然發現自己並不喜歡這個科系。於是，大學的專業教育和兒童時期學習的各種「興趣與才藝」，它們最大的共同點就是都讓人離興趣越來越遠，所有學習的內容和動力，都來自對實用性的執著與對機率論的無意識癡迷。

如果說「學習」兩個字的本質是滿足基於興趣而產生的好奇心和求知欲，那麼，「人人皆捲王」的大學生已經變成了爲績點而競爭的「工具人」，而爲了回應眞正問題的學術專業，也已經異化成了圍繞發表論文和各種課題而展開的「魷魚遊戲」。我們可以用「功利」、「效用」等各種大家可以想到的詞語解釋這種現象，但是在我看來，還有更深層的原因需要被揭示，那就是如今的大學乃至教育產業，已經漸漸具有來料加工業的特徵。

加工業：一個吊詭而殘忍的現實

教育和來料加工業，前者是腦力勞動，後者是體力勞動，這兩個看上去八竿子打不著的東西，怎麼會有共同點呢？我們不妨來還原一下一位大學生的「校園生命史」：當學生進入大學，首先會拿到一個叫作「畢業學分」的東西，這裡面規定了要上多少堂課，其中包括多少必修、多少選修、多少通識課，再完成其他像是軍訓、實習、志願服務、畢業論文等，就可以成爲一名合格的畢業生，拿到畢業證書與學位，進而把自己放在就業市場中去尋找工作機會。

如果一個學生在這個複雜而精確的體制中完成了所有任務，並且排在前三%或者前五%，那又意味著什麼呢？這代表學生無論是在找工作還是繼續深造的過程中，都處於一個比他人更有優勢的位置，換句話說，就是有更大的機率遇到日漸稀缺的「機會」。學生如此，大學教授的狀態呢？他們從任教那一天開始，就已經知道在未來的一個聘期裡需要上多少門課，發多少論文，寫多少專著，擔起多少行政工作。簡單來說，無論是學生還是老師，都面臨著一場曠日持久的「數位競賽」，而那些背後的實質意義卻漸漸地沒有人關注。

爲什麼會這樣呢？我們不妨把審視這個問題的視野拉遠一點來看。對現在的大學來說，有兩件事非常重要，一是大考後的招生，二是每年的招聘。大考後的招生近年來漸漸白熱化，因爲衡量一所學校的重要指標就是培養出優秀學生的機率。爲什麼要搶優秀學生呢？這就好比工廠希望找到好的原料，如果招生是整個生產鏈的開端，那麼畢業則是末端。在如今的大學評價體系中，「畢業生品質」是一個重要的測量指標，而這裡面又有幾重標準，比如就業率的高低、畢業生前幾年的薪資、是否有傑出校友、工作單位的回饋評價等。

如果用還原論的思維來看待上述社會事實，我們就會發現，這是一個典型的來料加工業特徵：在生產端要搶到最好的原料，因爲有好的原料就有更大的機率產出更優質的產品，自然也就可以有更大的銷量與市場（就業率）。那麼，如何能夠讓這些優質的「原料」在整個過程中「物盡其用」呢？那就是設計一整套精緻化的管理（激勵）機制，這套機制能使每個「原料」都相信，只要好好完成其中的每個環節，自己就可以成爲「合格品」，甚至是「優質品」，從而有更大的機率找到自己的「買家」。

實際上，上述來料加工的邏輯亦是我們理解大學「搶師資大戰」的底層邏輯。在大學間、學科間競爭日趨激烈的情況下，大學教授群體也是某種意義上的「原料」：招聘時設立海外名校博士等門檻，以及琳瑯滿目的研究計畫要求，本質上都是在爲「原料」做分類式的標價。與學生不同，這些「原料」的最終「成品形態」並不是畢業，而是能否完成工作中的諸多要求。達到那些要求的「原料」，就意味著已經變成了「合格產品」，若超額完成，那麼就是「優質產品」，但如果你不幸沒有完成，就很容易被系統識別爲「不良品」。在整個過程中，還會有多種考核、培訓和激勵機制來防止「躺平」，以實現「品質控管」。

下一篇，我們就來談談大學爲什麼會具有這種來料加工的特質呢？而這種特質又會產生怎樣的影響和非意圖後果呢？

系統：一個非意圖後果的現場

關於上述現象的成因，我們很容易做出表面的解釋，比如整個社會的功利化取向在教育系統內的延伸。誠然，我們無法說這種解讀不正確，但是，上述現象是複雜的現代社會的一部分，單純用「功利化」取向解釋難免有些片面。實際上，這和整個現代社會的特質有著密切關聯。

現代社會有著怎樣的特徵呢？著名的社會學家韋伯曾經將人類的行動分爲兩種，一種是**工具理性行動**，另一種是**價值理性行動**。前者是指以明確的有用性爲目的，在個體進行理性計算後得出最符合成本／收益原則的行動，後者則是指由於堅定地相信某一行動所具有的價值而採取的不計成本的行動，它超越了單純的「效用」邏輯。

舉個很簡單的例子，一位學生在盲目選擇熱門、有用的科系並學習一段時間後，發現自己對它毫無興趣，很希望轉到另一個自己感興趣但冷門的科系，他敢做出這樣的抉擇嗎？同樣地，一位學者是否可以只爲了自己關心的學術議題而做研究、寫文章，而不考慮KPI考核和發表文章的數量呢？在這裡，我們並不是要追問某個體的行動選擇是否功利化，而是要去探求整個大學所呈現的「制度傾向」背後的邏輯。

＊＊＊

另一位法國社會學家涂爾幹曾經寫了一本名爲《社會分工論》的書。簡單來說，他認爲，人類從傳統社會進入現代社會的最大變化，就是整個社會領域的職業分化越來越細，社會分工系統越來越複雜，職業種類日益多樣化。在此基礎之上，整個社會對專業化的要求也更加明顯。涂爾幹將這種基於職業分工形成的人與人組成社會的連結方式，稱爲「有機連帶」[1]。

在一個「有機連帶」的社會中，人類不僅依靠職業來滿足自己的基本生計，同時也依靠職業來安頓自我的生命。是否有一技之長也成爲現代人主要的焦慮來源。由此，現代的高等教育在一定程度上脫離了古典時期的大學和學院培養人的德性、善良和品格的教育目標，轉爲以「培養有專業技能的人才」爲重心。不僅如此，大學中的學術研究也經常被這種「有用性」所衡量。

另外，不論是公立還是私立學校，都需要一定的資源，在公立大學的體系內，「就業率」、「學術研究成果的轉化率」成了大學爭奪資源的重要評斷標準，而在私立學校，這兩個同樣是吸引甚至製造資源的重要指標。由此，我們也就不難理解大學教育爲何具有來料加工業的特質了。

講到這裡，我們還忽略了一個問題，現代社會的一個重要特徵就是它對現代人平等性的承諾。然而，**這種承諾實際只能保障機會上的平等，因為每個人都有自己在出生時無法決定的先天性差異**——有的人天生聰明，有的人生來愚鈍，有的人出生在中產家庭，有的人則出生在社會底層。現代社會爲了填補這種先天性的差異，往往會高度重視教育，因爲教育經常被認爲是消弭出身不平等的重要機制[2]。在這樣的情況下，當越來越多人嘗試透過教育來改變命運時，教育系統內就會容易發生「內捲」的情況，而這種內捲還是以「有用性」爲主要導向。

一個具有來料加工業特徵的大學教育體制，也就在一系列非意圖後果的綜合作用下，披著光鮮亮麗的外衣，堂而皇之地誕生了。

異化：一個時代和命運的課題

馬克思曾經提出了一個極具洞察力的概念，叫作「人的異化」。套用馬克思的說法，我們會發現，現代社會中的教育體制已經發生了很大程度的異化。學生追求績點及分數，學者追求發表論文及其所帶來的升遷，學校追求數值及其所帶來的資源，在很大程度上，這個環節中的每個人都被異化了。

其實，這種現象恐怕不僅停留在大學院校，也不局限於教育領域，而是幾乎在大多數產業領域內都可以見到的普遍趨勢。人被異化成了「物」，究其本質，這意味著對現代社會中的教育體制而言，「人才」比「人」更爲優先。大家不妨去思考一個問題：對大學教育來說，究竟是培養「人」更重要，還是培養「人才」更重要？

人才是強調人作爲系統零件的有用性存在，而人則是作爲「高等動物」的整全性存在。前者並不難理解，難以理解的是後者，也就是人的整全性。所謂整全性，是指人本身的道德、價值、情感、理念、興趣，也指一個人作爲社會性動物所具有的理解他人、與他人相處、與自己和解的能力，還包括健康地理解成功、合宜地接納失敗的品性，而這些恰恰不是可以透過競爭性的考試和選拔機制實現的。

然而，**這個圍繞人才設計和運行的現代教育系統，卻在最大限度上默默鼓勵著人們追求單純的有用性**。實際上，這是現代社會最吊詭之處。現代文明的現實基礎來源於技術革命之後的工業化發展，而工業化的核心特徵則是標準化、流程化、可測量化、大量生產能力與效率最大化。工業化邏輯具有很高的可複製性，因爲它最大限度地迎合了人類趨利避害、追求成本／收益的天性。但我們不妨設想一下，這種工業邏輯的跨領域擴張會造成什麼問題？

我們都知道，一個工業產品如果不合格，一定可以倒推回去得知究竟是哪個生產環節出了問題。但是教育業可以按照這樣的邏輯倒推嗎？如果將教育視爲生產人才的一套流程，那麼一個人犯了法、被判了刑，我們可以進行倒推嗎？他犯法是因爲大學、中學、小學甚至幼稚園的某堂課沒有好好上嗎？我們會發現，作爲產品而存在的畢業生，是無法在這層意義上被精準還原的。因爲人終究不是物品，也不是沒有情感、沒有性格的學習機器或者工作機器。失去了對自己所學的專業和所從事工作的興趣，無論是學生還是老師，都很容易將生活演變成一場「表演學習」的競爭遊戲。

＊＊＊

韋伯在其名著《新教倫理與資本主義精神》的結尾喟嘆：「專家沒有靈魂，縱欲者沒有心。[3]」韋伯的喟嘆並不是具體針對某個人所展開的批判，這裡所說的「專家」，實際上是對每個現代人的隱喻，**「沒有靈魂」指人之為人的整全性被不斷蠶食，漸漸只剩下有用性的單一面向。**韋伯所講的，是對現代文明即將陷入「工具理性的鐵籠」做出的時代預言。

現代大學正在緩慢走向死亡嗎？面對這個問題，我其實並沒有答案，只是在韋伯去世一百多年後的今天，我們依然面對著他所提出的命題。如何讓教育走出來料加工業？這是個沒有標準答案的問題，但找回人的整全性，恐怕是現代人必須勇敢邁出的一步。

第12章

物欲橫流：

消費主義是如何重新定義「需要」的？

消費主義的流行：購物節、直播帶貨等新興行銷機制

二〇二二年夏天，「雪糕刺客」成爲新的網路流行語，引起了社會大眾的熱議。所謂「雪糕刺客」，實際上就是指高價冰棒。它們動輒人民幣十幾元，和那些幾元的「普通冰棒」一起放在商店的冰櫃裡。我們在炎炎夏日，隨手拿起一支冰棒去結帳，等看到價格的時候才大吃一驚，但此時已經不好意思再放回去了。網友們感嘆，這些「高價冰棒」其貌不揚，隱藏在平價冰棒之中，但當你拿起一支去付錢的時候，它的價格就像是偷偷刺了你一刀一樣。

「雪糕刺客」引發爭議，表面上是因爲在大多數人的觀感裡，它並不值這個價格，以經濟學原理來看，就是：商品的價格背離了價值，價格不能眞實反映商品的價值。實際上，日常生活中，價格背離價值的事情幾乎隨處可見，比如大都市的房價，以及各種飢餓行銷策略下出現的商品價格虛高。「雪糕刺客」之所以在網路流行語中脫穎而出，是因爲它涉及了大眾的日常生活，而且是無論收入高低都消費得起的商品。

之所以要將「雪糕刺客」的例子放在本章開頭，是因爲類似現象在當今社會其實非

常普遍，而且這個現象本身蘊含著現代社會中的一系列怪異現象及其底層邏輯。

如今，消費已成爲主軸。顏值經濟、銀髮經濟、育兒經濟，只要在「經濟」前面加上一個詞，就很容易形成產業，引起資方的關注。當我們討論某某經濟的時候，其中非常重要的潛臺詞就是這種經濟形態和新興產業的產品賣得出去且銷量很好。「顏值經濟」是大眾爲自己的容貌與身材買單，因爲人們在爲自己的容顏花錢時往往是心甘情願的；「銀髮經濟」圍繞老年人和老齡化社會的各種需求打造產品，試圖引起消費，因爲在如今的都市結構下，老年人既有能力又有意願消費，還有足夠的焦慮動能刺激這一群體消費；「育兒經濟」則更切實激起了「誰的孩子誰不愛」、「爲孩子的未來投資」、「不要輸在起跑線上」等爲人父母的本能。上述所有概念和詞語背後的現象，都是圍繞「消費」的動能出現和延伸出來的。

＊＊＊

馬克思在其著作《資本論》裡，洞悉了現代社會中工業生產與資本運行的奧祕。在馬克思的筆下，現代資本主義社會的運行就凝結在複雜而規矩、高效而無情、公開而隱祕的生產之中：**掌握生產資訊的資本家，以標準化的管理合法榨取著勞動者的「剩餘價值」**。然而，在當今社會中，生產似乎已經變得沒那麼重要，相反地，消費的重要性明顯增加了。難道生產與消費的關係發生了倒置？這又意味著什麼？

從現象上來看，意味著「買」東西成爲每個人日常生活的一部分，這在二十年前是難以想像的，因爲在那時候，節儉和儲蓄才是人們的主要選擇。這種轉變究竟是怎麼發生的？

社會生活的節奏從生產轉向消費時，還會出現一系列延伸問題。比方說，不同年代的人對待消費的態度不盡相同——身爲八〇後的我，許多購買行爲是無法被長輩理解的；又比如，當「消費主義」變成一種瀰漫在日常生活中的社會心態時，它會帶來哪些意外後果？不僅如此，消費主導型的社會還會形成在行銷機制上的「內捲」，短短十年，我們經歷了傳統電商平臺的興起、雙十一和六一八等購物節的狂歡，甚至吹起了「直播帶貨」的風潮。琳瑯滿目、風格各異、或土或潮的直播主佔據了我們的手機螢幕，一到購物節，面對各種複雜的滿額送、折價券，人們不禁感嘆：爲什麼生活如此艱難？買個東西也太不容易了？怎麼到處都是明槍暗箭，讓人防不勝防？

其實，在消費社會中，令人困惑不解和匪夷所思的事情遠不止於此。一方面，各種類型的廣告充斥著手機App，令人不勝其煩；另一方面，有些人卻熱衷於觀看以「廣告」爲唯一內容的直播帶貨，這到底是爲什麼？兩者都是刺激大家消費，都是從我們口袋裡掏錢，爲什麼會有這麼大的落差呢？這就涉及消費這個主題產生的行銷機制問題。

生產—消費：現代社會的孿生子

正如其他章節所提及，現代社會的來臨，除了以政治哲學與價值觀念上的更新與反覆運算爲表現，還有一個重要的底層邏輯，那就是工業技術的進步使得人類具有了極大的生產力。過去，人類最大的焦慮根本不來自消費，而來源於生產的低效所造成的普遍短缺。美國人類學家斯科特（James C. Scott）曾引用經濟學家陶尼（Richard Tawney）的話，描述前現代社會處境中，人們的生存狀況：「有些偏鄉地區人口的境況，就像一個人長久地站在深水中，只要湧來一陣細浪，就有可能會滅頂[4]」。

在前現代社會，農民的日常生活存在著極大的不確定性，就算一年風調雨順，年景不錯，也總是要面對其他種種潛在的風險與不可知的未來；逐水草而居的遊牧民族，同樣焦慮於生產的短缺與不確定性。因此，隨著科技的進步和工業讓生產力空前提升，除了爲人類帶來「利潤」，還給人類打了一劑強心針，因爲這似乎意味著豐沛的物質將會大幅提升人類的福祉。然而，一九二九年爆發的經濟大蕭條卻給懷著對幸福的憧憬邁入現代的人類一記重拳，因爲這場危機並不是生產短缺造成的，而是源於生產過剩：資方和勞方寧可將賣不出去的剩餘產品丟棄浪費，也不願意將它們分給那些還處在飢餓與短缺狀態中的窮人。

在這層意義上，我們才能理解馬克思對於現代社會的洞察。《資本論》當然是一部思想深刻、論述巧妙的曠世之作，但是它並沒有想像中那麼難懂。簡單來說，馬克思在《資本論》中揭示的核心問題之一，就是現代社會中的「生產—消費」機制。馬克思敏銳地觀察到，**在現代資本主義和工作流水線之下從事專業勞動的那些工人並不具有生產資訊，他們所擁有的只是基於體力產生的勞動能力**。然而吊詭的是，在很多情況下，生產某種商品的人在現實生活中卻無力購買該商品，這樣的例子層出不窮：在代工廠生產iPhone的工人根本買不起iPhone，在建築工地上勞動整日的工人可能也買不起自己親手參與建造的房屋。

由此，馬克思才將重點聚焦在生產環節上，他從生產資訊的佔有與整個生產過程中揭示了剩餘價值被榨取的奧祕。因此，很多人對馬克思著作的閱讀和理解是以「生產」兩個字爲焦點，即「生產關係與生產力」。然而，馬克思在論述中，並非不考慮消費問題，因爲他敏銳地意識到，現代社會的核心問題並非僅限於人類以什麼樣的生產力、在什麼樣的生產關係條件下，能夠生產多大量的商品，更關鍵的問題其實在於，這些被生產出來的東西不是爲了自給自足，而是透過銷售獲得利潤，那麼商品一旦無法被售出，就將變得毫無意義。

因此，商品生產者必須考慮自己的商品有多大的市場需求——各大企業的行銷部門開始出現；生產者必須有自己的定價策略、銷售策略和行銷手段，於是，銷售端開始成爲企業中幾乎與生產端有著同樣份量的部門。同時，隨著報紙、廣播、電視、網路等大眾媒體飛速發展，如何透過媒體獲得流量與知名度，從而吸引更多的潛在消費者，也成爲生產者必須考慮的問題。甚至，當生產者無力處理如此複雜的產業鏈時，新的行業出現了——廣告業也成爲現代職業體系中的一員。商品不僅對於生產者有賺取利潤的意義，對消費者也同樣具有意義——消費既是維持生活的必需，更是彰顯社會地位的標籤，還是個人價值的某種外化呈現。

基於以上因素，馬克思用「商品拜物教」[5]來描寫被消費和商品籠罩的現代人。在前現代社會中，遙遠而未知的彼岸世界以宗教形態規範著人類的世俗生活；在邁入現代社會之後，韋伯用「祛魅」、尼采用「上帝死了」來形容高度世俗化的人類社會，馬克思則一針見血地指出，**商品已經實質上構成了現代社會中的「宗教」，它決定了我們日常生活的節奏，主導著大眾媒體的內容，也牽引著現代人進入「為了消費而生產」的邏輯之中。**

我們還需要瞭解的是，對現代國家而言，「生產—消費」也是不可拆分的共生狀態。德國社會學家伊里亞斯在分析現代國家起源的時候，揭示了現代國家誕生的非政治邏輯。他指出，生產的發展、交通工具的進步帶來了貿易範圍的擴大和貿易強度的提升，而現代國家也會透過經濟貿易活動賺取利潤，因此，一個國家本身的財政稅收能力變得相當重要，在這層意義上，無論是國家內部的經濟循環，還是國與國之間的貿易往來，都需要有豐沛的產能，和廣闊的銷售管道；消費水準的高低、消費意願的強弱，不只是個體或者社會的問題，也是現代國家的根本性命題。

「生產—消費」是現代社會的孿生子，它們互爲表裡，互相依存，主宰著「碌碌有爲」的我們。

短缺—豐沛：以消費為主導的社會

人類再高級，也要承認自己是有限理性的動物。我們覺得人生漫長，有無限可能，但是在歷史長河中，個體再長壽也只是微不足道的一瞬間。因此，如果以更大的視野看待從「以生產爲主導」到「以消費爲主導」的轉變，我們就會發現，整個世界的現代化發展大約僅用了幾百年的時間。

不知道有多少人有過這樣的生活經歷與體驗。有一段時間，我如果換了手機，回老家的時候都不敢帶著新手機，而是用舊的。爲什麼？因爲我回答不了父母一輩人的「靈魂拷問」：換手機啦？是原來那個壞了嗎？沒壞？沒壞爲什麼要換呢？年輕人就是不知道節省，花錢大手大腳。

我舉這個例子，既不是要訴說自己的苦悶，也不是要控訴父母的陳舊觀念，而是想說，我們和父母一輩人之間在消費觀念和消費行爲上的差異，並不是抽象意義上的觀念和想法問題，而是我們處在不同的歷史時空和代間情境之中。整體而言，八〇後的父母輩大多是五〇後和六〇後，在他們的生命歷程中有很長一段時間，社會處於被動的「**消費抑制**」狀態。之所以這麼說，是因爲那是具體的社會歷史條件塑造成的結果。

仔細回想一下，幾乎每個家庭在二十一世紀之前所用的床單、臉盆、便當盒、茶杯等日用品都是同質性很高的產品，這並不是因爲審美趨同一致，而是因爲供給單一；不僅如此，爲了保障有限的日常生活用品分配，當時整個國家主要依靠供給制完成物資分配。而在觀念上，節儉、儲蓄是當時主要的價值觀，這樣的具體時空條件構成了「消費抑制」的結構性要素，實質上也塑造著父母輩的消費觀。

＊＊＊

隨著一九七八年改革開放，整個中國社會發生了劇烈而深刻的變化，除了經濟、社會快速發展和人民日常生活水準提高之外，還發生了一場「靜悄悄的消費革命」。簡單來說，就是從過去抑制消費的狀態轉變成了鼓勵消費。社會學教授王寧將這場革命稱為「從苦行者社會」到「消費者社會」的轉變[6]。這場轉變不只是個體消費意願的增強、消費選擇的增加與客觀消費能力的提升，同時還有兩個維度的底層邏輯。

一方面，國家的整體意識形態發生了變化。在意識形態層面，儘管過去所宣導的「勤儉節約」、「艱苦樸素」觀念依然存在，但鼓勵人民過更好的生活，提升生活品質，也漸漸成為意識形態的一部分，客觀上對消費帶來了巨大的刺激。

另一方面，這場靜悄悄的革命實際上也是一場觀念的革新。在很長的一段時期，無論是在東方還是西方，在消費觀念上都處於被抑制的狀態。世界上幾乎所有宗教都在對抗欲望、貪婪等人性的弱點，而人的欲望、貪婪往往又是透過奢靡和無節制的消費來實現的。韋伯的《新教倫理與資本主義精神》之所以成為學術領域中的里程碑，就是因為它指出，經歷了宗教改革的清教徒，再也不把於世俗生活中努力工作、積累財富看作一個人貪婪與虛榮的體現，而是認爲這樣做是在踐行上帝的天職，證實上帝的榮耀[7]。這種觀念的變化既構成了追逐利潤的資本主義社會的倫理基礎，也將個人積累財富這件事從「人性惡」的觀念枷鎖中解放了出來。

如果從這個角度來審視這場靜悄悄的革命，其核心在於奠定了物質文明與精神文明在日常生活中位於同等重要的位置，物質文明具體體現爲人們衣食住行的日常生活水準，而日常生活水準的提升則必然需要依靠消費水準的快速提升。

欲望—佔有：消費主義帶來的變化

社會學家布希亞（Jean Baudrillard）在其著作《消費社會》中，敏銳地指出，現代人將處在一個全新的被「物」所包圍的世界，這個世界最大的奧祕與動力都來自這些「物」帶給人的消費動能，以及它所激起的消費欲望。更「致命」的是，隨著大眾媒體的發達，這種「物欲」與「消費欲」對人的包圍變得無孔不入。它變成了日常生活中的一種物質，基於人的需求和本性而附著在每個人的身上，支配著我們的生活節奏，以「消費主義」的形態存留於現代社會之中[8]。

一般來說，一個人最難改變的是觀念，但其實仔細一想，觀念並沒有那麼難改變。在資訊爆炸和觀點爆炸的時代，我們讀了一本新書、看了一齣新節目或者認識一個新朋友，都可能聽到全新的觀點，並且受到觀念上的衝擊。然而，儘管某個人的價值觀受到極大的衝擊，也不代表他一定可以立刻在現實生活中改變自己的習慣。在這層意義上，消費主義有著巨大的力量，因爲它可不只是觀念上的革新，更是日常生活習慣的塑造。那麼，這種消費主義的內在究竟是什麼呢？

我們不妨以淺白的語言「拆解」一下這件事。對於八〇後、九〇後來說，他們與父輩在消費觀念上的代間差異，表面上是激進與保守、浪費與節儉的差別，但是細究起來，其內在的差異，其實是在父母一輩看來，「買東西」的重點在於「東西」，它來源於日常生活的必需品——家裡米吃完了要買，衣服穿壞了要買，手機和電腦徹底壞掉、無法使用了要買，舉凡種種，購買是一種基於生活必需而產生的必要行爲。然而，對現代許多人來說，「買東西」的重點在於「買」，換言之，完成「買」這個行爲本身就達成了自我滿足。由此，消費行爲本身變成了一種身體習慣乃至本能，至於買到的東西是什麼、好不好用，似乎都沒有那麼重要了。

當我們從各種平臺下單後，欲望滿足與快樂達成的曲線，隨著下單、配送、送達、收貨、拆包裹這套流程逐漸達到高峰，當我們拆下包裝時，這已經是購物行爲的快樂巓峰了，但拆掉包裝之後東西究竟是被我們持續使用，還是被遺忘在角落、束之高閣，那就不得而知了。這是消費主義帶給我們的第一個重大變化，購買本身成爲欲望乃至本能。

消費主義對現代個體的改造不只如此，還具體呈現在物質主義、享樂主義與佔有主義這三個方面。

在消費主義盛行的社會狀態中，人被物包圍與縈繞著，生活世界中的全部活動幾乎都是圍繞物所展開的，如何透過對物的生產積累財富，如何透過積累的財富來消費物——最好可以達到無拘無束的程度，這便是現代人朝思暮想的「財富自由」。不僅如此，現代個體還在努力地將自己變成「可以被消費的物品」，在教育流水線上奮勇爭先，無限「內捲」，其直接目的在於讓自己的簡歷於勞動力市場上更具競爭力，以此給自己貼上更好的標價。實際上，這就是馬克思「異化」概念的另一種現實。在一個以物爲核心的狀態中，人和人的一切活動都被物化處理了。

＊＊＊

消費主義帶來的第二個典型特徵便是**享樂主義**。這裡的享樂主義並不是通常意義上的燈紅酒綠、紙醉金迷，而是指一種生活狀態的普遍性。在現代人看來，職業最重要的功能是爲人帶來更好的生活，而消費則是更好的生活的重要表現形式，它不僅體現在物質層面，還彰顯著現代性對現代人的承諾：這是一種物化狀態下的「自由」——我可以達到什麼樣的消費水準，我可以享受什麼層級的生活樂趣，我能否實現想花多少錢就花多少錢的自由，都以消費爲重要樞紐。

在這層意義上，享樂主義這四個字便有了更深層的內涵。現代人很容易理解「工作是爲了生活」的普遍邏輯，因爲工作賺錢已經是當下世俗生活的意義之一，但是現代人越來越無法理解「生活是爲了工作」這樣的邏輯，這種邏輯似乎已經沒有存在的正當性。然而，我們必須承認，如今依然有人將自身從事職業的神聖性視爲生命和生活的意義。隨著消費主義的盛行與物化世界的蔓延而佔據主導地位的享樂主義，實質上壓縮了現代人對生活世界多種可能性的想像。

消費主義蘊含的第三個維度便是**佔有主義**。簡單來說，現代人不斷追求獨立、自由與平等的價值，所帶來的非意圖後果之一便是人與人之間的界限感越來越強，現代個體尤其強調私人領域不被侵犯，這又體現在生活世界的各個方面。比如，我的人生我做主，我的婚姻、職業由我選擇，然而，現代世界終究是「人被物包圍著的狀態」，因此，現代人特別喜歡強調有哪些東西是屬於我的，這些東西大到房產，小至手機。它們可實可虛，亦眞亦幻，但無論是在虛擬空間，還是在現實世界，現代人對「佔有」都有著前所未有的意識，而消費是在商品豐沛的世界中，最能直接以合法手段實現佔有的領域。

以上構成了消費社會和消費主義的底層邏輯。然而，就如同現實永遠比電視劇精彩一樣，理論上的底層邏輯在現實中還會得到種種「疊加效果」。

當購物變成「節日」，商品拜物教也就在現實世界中得以實現，正如涂爾幹在討論原始部落的宗教儀式和圖騰崇拜時所描摹的，在一個集體性的儀式場景中，人們形成了某種個體不太容易出現的集體歡騰；當人們都在「買買買」時，在等待零點鐘聲敲響，將購物車清空這激動人心的時刻，它已經塑造出一種圍繞消費而產生的集體歡騰，令人浸淫其中。

現在的消費機制比最早的各種購物節還要複雜，它一直在進化，進化到將商品拜物教的「圖騰」凝聚到具象化的帶貨直播主身上。一個帶貨直播主可以有如此大的輻射效應，是因為在短影音平臺的加持下，他／她前所未有地具備了傳播能力和外溢效應，這個效應還以非常具體化和個人化的方式呈現出來，形成了個人IP和流量。在我看來，流量高的直播主們已經化身為一個個可以深入人心的符號，不斷製造著消費世界中的集體歡騰。

因此，加盧佐（Anthony Galluzzo）在《製造消費者：消費主義全球史》一書中這樣寫道：「市場讓商品成為消費者定義和展示自我的核心工具，從而加劇人們對商品的渴望。在現代化、城市化、大眾化的社會中，商品是一切的中心，是人們追逐的物件。在現代社會中，一個人的身分既不是繼承的，也不是規定的，人們可以透過消費來『發明』自己的身分。[9]」

我想爲這段話稍微補充一下：現代社會有足夠的技術、機制與動力，在製造消費品的同時也製造消費者。消費者與消費品互爲因果，相互「製造」，或許才是消費社會眞正的底層邏輯。

第13章

高齡社會：你真的了解你的父母嗎？

高齡化人口：國家將至的未來

朱顏漸老，白髮添多少？桃李春風渾過了，留得桑榆殘照。

上述文字出自元朝白樸的詞《清平樂・朱顏漸老》，它的意思簡單又直白，我們可以將其理解爲古代文人騷客對於年紀過半的人生和逝去歲月之感懷，但如果再一個國家內有接近二〇％的人口年齡在六十歲以上，那麼這種對「朱顏漸老」的感懷就不只是個體性事件了，因爲它意味著高齡化社會的到來。

一般而言，如果一個社會的六十五歲人口占其總人口的比例超過七％，那麼它就會被定義爲高齡化社會；如果比例達到一四％，那麼這個社會就被稱爲高齡社會；如果達到或者超過二〇％，那麼它就是一個超高齡社會。實際上，高齡化社會這個詞對很多人而言儘管並不陌生，但看起來相對遙遠。但是，科學之所以是人類文明進步的結晶，就是因爲現代人的經驗感覺往往與理性認知存在著較大的偏差。

臺灣已於一九九三年邁入高齡化社會，二〇一八年轉爲高齡社會，推估將於二〇二五年邁入超高齡社會。老年人口占總人口比率將持續提高，預估於二〇三九年突破三〇%，到二〇七〇年甚至將達四三・六%[10]。

在整體醫療水準持續進步，人口平均壽命增長的情況下，生育率一再創新低也意味著超高齡社會的到來。由此，一個新問題接踵而至：高齡化社會來了，又怎麼樣？

單純從理性上來看，無論是人口學家、經濟學家或社會學家，都可以從各自的角度對高齡化社會所帶來的挑戰提出無數可能性。但是，我想先討論一個問題：爲什麼從個體生命歷程與經驗層面來看，很多人對高齡化社會來臨並沒有過多擔憂和焦慮呢？

整體而言，七〇後與八〇後經歷了物資短缺，後來因爲生產力水準不斷提高，生活品質有了明顯的改善；而九〇後和〇〇後則是在物質供給較爲豐沛、科技創新突飛猛進的環境下生長。簡言之，**這一群體的生活世界更多是以「明天會更好」、「一天比一天好」的歷史觀作為底層邏輯的**。同時，七〇後與八〇後由於其父母一輩的龐大基數和較高的生育率，儘管他們也經歷了高房價、高競爭等挑戰，但是大多數個體生活的演進依然是與經濟的快速增長、國家的高速發展同步的。

上述諸多因素在具體歷史時空的耦合，使得這一群體無法設想高齡社會乃至超高齡社會來臨的時候，自身的生活世界究竟會發生怎樣的變化。

養老制度：結構性的難題

超高齡社會來臨之後，我們究竟會面對怎樣的世界呢？換言之，會面對怎樣的挑戰？圍繞人口高齡化這一問題，經濟學、人口學、社會學和公共管理領域內的研究者都已經做了大量現狀分析和對策探討。從政策與制度的角度，有人呼籲實施生育補助，也有人對當下各類型的公共養老機構的數量、品質、類型進行了大量討論，亦有人提出居家養老、以房養老等諸多模式。

實際上，無論是韓國、日本還是亞歐大陸另一端的北歐國家，都更早進入了高齡化社會。高齡化社會帶來的直接挑戰是系統性的，它包括但不限於就業機會減少、經濟活力下降、公共福利壓力增加、老人年金制度的困境，如果需要更具體的案例，不妨在網路上搜尋一下日本七十歲老年人還在開計程車來養活自己的新聞。

然而，上述這些都不是本書想要討論的，我想按照元問題的方式探討一下高齡化社會的底層邏輯。這個底層邏輯又包含兩個問題：其一，在現代社會中，人口及人口的年齡結構是如何成爲重要問題的？其二，國家在進入超高齡社會之後，需要面對的最本質挑戰是什麼？

我們先來看第一個問題。

德國社會學家伊里亞斯一生最有名的作品是《文明的進程》，這本書在社會學界享有盛譽，甚至被認爲是自馬克思、涂爾幹和韋伯的著作之後最具想像力和魅力的社會學著作。伊里亞斯敏銳地發現，從中世紀到現代這個歷史發展，也是現代個體與現代國家同時「壯大」的過程（個體變得理性，國家變得強大）。在我看來，伊里亞斯這本書還有一個隱含的主題，它在無意中回答了人口爲什麼會成爲現代國家的一大問題。

一般認爲，現代社會的出現來自科技的進步，而科技的進步則源於自然科學的發展及其導致的「人與世界」觀念形態的變遷。理性成爲現代世界的重要觀念原則，也成爲現代人和現代文明的「標的」。然而，伊里亞斯則從社會的角度重新思考了這個問題。他發現，從中世紀中後期開始，歐洲大陸上出現了一個新現象，即過去經常出現的地方領主壯大之後反叛中央領主的治亂循環開始被打破，而出現了相對穩定的君主專制國家，也就是說，地方封建領主逐漸失去了對抗中央領主的動力、能力與可能性。伊里亞斯提出的問題是：爲什麼上述兩種現象會同時出現在歐洲？而他的回答相當獨到——既不是從政治哲學和觀念史的角度出發，也不是從單純的心理學或者科技角度來看。伊里亞斯所勾勒的解釋如下：

人類的生產能力和長途交通運輸技術的雙重提升，極大地刺激了跨國貿易活動的增加，這意味著作爲一般等價物的貨幣變得越來越重要，同時也代表人與人之間的交往從過去的**運用「power」（權力），變成了追逐與計算「利益」**，以及法律、契約在社會與政治中的重要性。不僅如此，工商業的發展和貿易的發達促進了社會分工的複雜化與緊密化，人漸漸成爲一個精密運轉的系統中，微小卻必不可少的一環。

伊里亞斯還指出，過去征伐四方的中央領主在取得權位之後，最重要的事情就是將土地與人口分封給軍功權貴，而地方領主一旦獲得了這些便很容易變得無法牽制。然而，當整個社會分工體系和商業貿易越來越發達之後，以貨幣爲表現形態的經濟財富取代了人口與土地，成爲中央領主分封的新元素，如此一來，對所管轄土地和人口以及基於不同土地、人口類型所產生的產業與經濟形態，則成爲重中之重[11]。

因此，法國思想家傅柯在《安全、領土與人口》一書中才會說，眞正的經濟治理，是處理人口問題。

在這層意義上，現代政治的核心「競爭力」是能以科學的方法來計算人的統計學特徵，進而估算整個國家的未來。不過，在這之中還有一個問題，那就是需要某種體制和大家共同認可的現代價值觀，讓獨立的、具有現代自由意志的人可以被監視、被計算、被預測。現代國家需要一系列監控機制，用傅柯的話來說，這「**不再是臣民對統治者的意志的服從，而是控制一些看上去與人口不相干的事物，透過計算、分析和觀察思考，人們知道控制這些事物可以實際上對人口施加影響**」[12]。

行文至此，我已經對第一個層次的問題做了回答，人口及其年齡結構之所以重要，是因爲它是現代國家的政治算術，人口也意味著國家的經濟形態和財政能力。

＊＊＊

我們再來看第二個問題：國家進入超高齡社會之後，所面對的挑戰是什麼？

近年來，在經濟快速發展之下，國家不僅文化實力增強、科技水準也不斷提升。隨著都市化發展，城鄉與城市之間的人口流動與資源流動強度大幅增加，爲二十一世紀以來整個房地產業的起飛提供了必需的人口要素。而房地產業作爲許多原物料，包含鋼鐵、水泥、建材，甚至擴及家電、家居用品、都市基礎設施等諸多行業的引擎，它的飛速發展具有巨大的外溢效應，這種外溢效應會帶來大量的就業機會，反過來進一步爲日新月異的都市提供勞動力，也提供新的房屋購買者、土地使用者。

從農業生產中解放出來的勞動力及鄉村，同時也爲房地產和建築業的擴張提供了新的土地。身處這樣的經濟浪潮中的多數人卻不容易直接意識到，龐大而優質的勞動力是其中不可或缺的結構性因素。當國家快速接近超高齡社會時，最直接的挑戰或許並不是醫療與養老資源的短缺，也並非各地區的經濟發展水準差異，而在於適齡勞動力的銳減，這種銳減將會帶來一系列的連鎖反應。

這首先代表當前老人年金制度的巨大壓力，因爲當前老人年金制度能夠持續運行，需要下列兩個條件中的至少一個：第一，代間人口數量應該保持穩定增長，至少不能出現大規模倒退；第二，整個國家的主導產業從過去的低成本勞動密集型產業轉到更高技術、在世界產業鏈範圍內佔據更上游位置的產業，同時這些產業還需要具有巨大的輻射效應，既可以持續推動經濟增長，也能不斷推動財政收入增長。

此外，超高齡社會的到來基本上會造成退休年齡持續遞延，而退休年齡的延遲，一方面會對身體健康有更高的要求，另一方面則有大量就業崗位被佔據，有可能進一步加劇就業困難的社會問題。因此，「高齡化」這個詞並不只是針對老年人，也不是只對即將邁入老年的人群有意義，在人口成爲現代國家底層邏輯的情境下，高齡化是一個結構性的系統難題。

生育率低下：為什麼不生小孩？

當我們討論高齡化社會這個議題時，有個無法逃避的前置性問題：爲什麼生育率會下降？因爲對個體而言，生老病死是自然規律，「老」是個無法避免的過程。當一個社會邁入高齡化階段的時候，與之相隨的必定是生育率的衰退。這究竟是意願問題還是能力問題呢？

在網路上搜尋有關生育率下降的資訊，將會發現，日本、韓國、歐洲國家特別是北歐比我們更早進入了低生育率、壽命長的高齡化社會狀態。根據聯合國發佈的《二〇二一年世界人口情況報告》，韓國的總生育率在參與調查的一百九十八個國家和地區中排名倒數第一；根據聯合國和世界銀行的資料，韓國是人均ＧＤＰ超過三萬美元的經濟體中，高齡化速度最快的國家。日本的也相去不遠，二〇二二年一到六月，日本出生人口不到四十萬，同比時期減少五％，爲二〇〇〇年以來同期最少[13]。

一般認爲，一個國家的現代化程度越高，經濟社會文化發展水準越高，它的人口出生率就越低。這又是爲什麼呢？關於這點，有很多解釋已經爲大眾所知，其中最容易爲人所接受的邏輯在於：現代文明的普遍價值起點就是平等、自由與獨立，現代人已經從中世紀和傳統時代的君權神授狀態中解放出來，不再是神的附屬物，也不是中世紀君主的附屬品，在這層意義上，是否戀愛結婚、是否生育後代都屬於個人選擇，**每種選擇都是個體自由意志的體現**。

在此基礎上，另一個常識性認知是，現代社會是高度分化的複雜體系，同時，由於新科技的高速發展與生活水準的快速提升，大部分人的生活充滿了無限的可能性，這些可能性在填滿了個體好奇心的同時，也使得現代人漸漸將過去被認爲是「人生必經過程」的生育看作與其他選擇同等位階的生活選項，而不是必選項。此外，除了觀念的革新、選擇的增多，如今養育子女所需要付出的經濟與時間成本都過於高昂，幾乎各地都普遍存在「望子成龍的父母」和「送小孩學各式才藝」的狀態。因此，「不生育」這個人生選項不僅有了道義上的正當性，也變得合乎情理。

實際上，這些理由不可能涵蓋每個選擇不生育的個體的具體狀況，但在某種程度上依然是絕大多數人可理解的共識。然而，在我看來，上述這些原因都還不能完整解釋現代文明發展中出現的低生育率現象，它有著更深層的元問題邏輯。

首先，生育不只是經濟成本計算的問題，進一步來說，它是受到宗教與文化傳統的影響。在宗教世俗化程度較高的文明中，生育更屬於個體的人生選擇；在宗教世俗化程度較低的文明中，生育不只是個人選擇，還有著某種更宏大、更崇高的神聖意義。不僅如此，一個文明在歷史發展中形成的文化傳統，也會對生育行爲產生深刻的影響。以中中國爲例，它過去是屬於非常典型的宗法社會，這裡所說的宗法並不單純是「封建」、「保守」、「落後」這些表面涵義。所謂宗法社會，是以血緣關係爲基礎所構成的，在這種社會狀態裡，每個人都有自己在血緣系統中的結構性位置，而在自身與其他位置上的人之間的關係，便是所謂的「倫理」，或者「人倫」。

舉個最簡單的例子，儒家經典裡提到的「父慈子孝、兄友弟恭」，在某種意義上便是這種人倫秩序的體現。在這種人倫秩序之下，儒家社會的文化傳統其實並非鬼神崇拜，而是某種文明化的祖先崇拜。在傳統社會，對一個人最大的懲罰是死後無法進入祠堂或者無法被寫入族譜；同樣地，在這種宗法倫理秩序的社會狀態中，一個人是否生育絕不只是個人選擇的問題，而是整個家族血脈延續的重大問題。

因此，在經典典籍《禮記．昏義》中就有這樣的描述：「昏禮者，將合二姓之好，上以事宗廟，而下以繼後世也，故君子重之。」我們可以看到，在傳統的文化觀念中，婚姻的意義並不是愛情的自然結果，甚至與現代人所理解的愛情並無直接關聯，而是與宗族／家族的延續有著更直接的關聯，生育也就具有了家庭、族群乃至國家歷史文化血脈意義上的神聖性。

由此，我們會發現，無論是宗教的世俗化程度，還是受某種特定的歷史文化潛移默化的影響，實質上都可以將它視爲一場傳統與現代的「相遇」，而低生育率不過是這場相遇中出現的非意圖後果。

對現代人而言，**個體已經從君主、教皇以及宗族血緣的附屬狀態中掙脫出來，只有自己才是最高的主權者**。因此，是否進入婚姻，如何理解婚姻與戀愛之間的關係，是否生育後代，都成爲自我決策範圍內的事情。在這樣的狀況下，「婚姻是愛情的最高表現形態，而子女是愛情的結晶」這個公式被走向「虛無」的後現代思潮再次拆解了。

正如傅柯在其著作《性史》中所分析的，人類的性活動經歷了過去的「生育本能」，漸漸轉變爲「追求快樂」[14]，而對個體自由意志充分佔據主導地位的現代人來說，戀愛、婚姻、生育再也不是人生中的必經之路，甚至三者之間的關係完全可以相互分離。在我看來，這才是低生育率現象和人口高齡化社會快速來臨的底層邏輯。

代溝：現代人封閉的心靈

在本章的最後，讓我們回到「高齡化社會」這個關鍵字，嘗試從「非科技」和「非政策」的面向討論高齡化社會帶來的真正困擾。

之所以要強調「非科技」和「非政策」，是因爲接下來的內容是從人的心靈結構角度來闡述。我先分享一個自己的故事。

很久之前，剛買車的我開車回家載父母出門。當時的我剛開車不久，是個「路怒症患者」。在一條很窄的、沒有區分機慢車道和小客車道的路上，有一位六十多歲的人在馬路中央，緩緩地騎著一輛自行車，擋住了我們的去路，我有點生氣，急躁地按了好幾聲喇叭。媽媽立刻制止了我，讓我不要急，也不要按喇叭。我還辯解道：「按喇叭是我的權利啊！我又沒違反交通規則，是他非要在馬路中央騎車！」然後，我媽跟我說了一段話。

「你們年輕人在想什麼，其實我們老年人都知道，因爲我們也年輕過；我們老年人是怎麼想的，你們年輕人是眞的不知道，因爲你們還沒老。你還體會不到一個人到了六十幾歲，看東西看不清楚了，聽聲音聽不清楚了，腳不靈活了，頭腦反應變慢了，究竟是什麼樣的身體狀態。前面這個騎車的老人，他可能不是故意擋路，只是由於身體狀況，沒有意識到自己擋路了，也可能是意識到自己擋路但是身體沒辦法做出那麼快的反應罷了。」

媽媽只是一個普通的工人，但她的這些話在當時深深地刻在我心裡。仔細想想，我們經常說「要理解他人很難」，難的原因或許並不完全在於人心與性格，而在於切身體驗。當我們還處在生命力旺盛、身體機能完善的生命週期裡時，自然體會不到老眼昏花、聽力不佳、反應遲緩的境況，而由於對這種境況缺少感知，我們自然會忽視父母嘮叨中的道理，忽視老人群體的眞實感受。

現代社會中的年輕人以個性、自我爲人生價值，同時也會將其變成自身的生活實踐。隨著現代社會的科技發展日漸加快，身體機能下降的老年人也遇到了越來越多「科技」和「速度」帶來的挑戰，這些挑戰使得老人跟不上社會，跟不上時代，甚至跟不上自己的孩子。仔細一想，每個人在年輕時或多或少都會覺得自己的父母輩「過時了」，常常認爲他們的話是陳舊觀點，將其當作耳邊風，這也形成了所謂的「**代溝**」。但是，如果我們有心翻翻父母年輕時的照片、日記或者書信，靜下心來聽一聽他們到底經歷了怎樣的青春，或許我們會發現，父母一輩在年輕時可能比我們更勇敢、更獨立、更創新。而不同年齡層之間的「代溝」問題或許就有了更多的內涵，因爲從本質而言，代溝是不同年齡群體各自所處的時空情境和身心狀態無法再現所造成的「代間衝突」，儘管儒家有句很經典的話「老吾老以及人之老，幼吾幼以及人之幼」，但是作爲個體，我們無法眞切體會那些我們從未經歷過的身心狀態。當一個社會中有越來越多人進入老年，就意味著有越來越多人正在經歷其他年齡群體無法經歷和體會的身心狀態。這種自然規律下產生的代間差異，會讓彼此之間更難達成互相理解。

德國社會學家韋伯認爲，社會學的研究對象是社會行動以及個體對行動賦予的主觀意義[15]，因此，韋伯的學說又被稱爲「理解社會學」。然而，若要在個體之間形成理解，並不是一件容易的事。因爲每個人都有自己的生命歷程、成長環境，也會有各自的精神氣質，而個體的行動又都具有其歷史脈絡和現實情境，這就好比單獨拿出一段某人的聊天記錄來做分析是毫無意義的，因爲這段聊天記錄既無前後文，也沒有具體語境。同樣地，人與人之間的理解難以達成，就在於很多時候人類的交流和互相「觀看」是去脈絡化的，在這一部分，現代人尤其嚴重，因爲我們早已習慣按照一般規律和「科學方法」去抽象地認識他人。

人的動機都是趨利避害的，所以理性選擇理論是大多數人的行爲動機，這樣的認知成了現代人的思維路徑。對老年群體來說，他們的具體處境更難以被理解，因爲絕大多數非老年人都完全無法經歷老年人特有的身心狀態。我們都知道，朋友之間的理解是相互的，如果我們認可這一點，那麼，我們與父母輩之間的理解，是否也應該是相互的？當我們說「與父母做朋友」這句話時，又有多少人眞正願意把父母看作朋友呢？做朋友的前提是彼此理解，而理解的前提是彼此瞭解，而瞭解又建立在願意傾聽對方的生命故事上。在我看來，**這種非朋友式的理解，這種固有文化習慣中與父母輩之間的疏離感所導致的封閉心靈結構，或許是一個國家步入超高齡社會時的巨大挑戰**，因爲如果我們一直保持這種狀態而不加改變，那就意味著將有越來越多的人進入無法被感知的困境。

「己所不欲，勿施於人。」如果希望自己以一個「被理解」的狀態步入老年，那麼，我們可以嘗試從理解自己的父母輩開始，哪怕我們無法在身心意義上感同身受，但至少可以從打開封閉的心靈結構開始，因爲我們與父母都有著被人理解的生命經驗。

第14章

心靈捕手：現代社會中的憂鬱症為什麼越來越多？

憂鬱：人類社會的流行病

抱著沙發，睡眼昏花，淩亂頭髮，卻渴望像電影主角一樣瀟灑。

屋簷角下，排著烏鴉，密密麻麻，被壓抑的情緒不知如何表達。

……想過離開，以這種方式存在，是因為那些旁白，那些姿態，那些傷害。不想離開，當你說還有你在，忽然我開始莫名期待。

夕陽西下，翻著電話，無人撥打……

上面這段文字出自流行音樂創作人華晨宇的一首歌〈好想愛這個世界啊〉。據說這首歌是寫給憂鬱症患者的，歌詞生動地描摹了憂鬱症患者的身心狀態——「被壓抑的情緒不知如何表達」、「翻著電話，無人撥打」，同時它似乎也點出了憂鬱症患者內心懷抱的希望，比如「不想離開，當你說還有你在」。

根據二〇二一年，憂鬱症相關的調查顯示，臺灣約八．九％民眾有憂鬱症狀，即約兩百萬人左右。其中重度憂鬱高達五．二％，約一二五萬人[16]。世界衛生組織（WHO）

統計，全球約有十億人正受精神障礙所困擾，每四十秒就有一人因自殺而失去生命，低收入和中等收入國家的自殺人數更占全球自殺人數的七七%。該研究的發佈機構「憂鬱研究所」在憂鬱症患者群體中蒐集了六六七〇份有效問卷，經過統計發現，接受調查的人群中，有五〇%的憂鬱症患者爲在校學生。也有研究認爲，成年期憂鬱症在青少年時期就已經發病[17]。

實際上，無論是從相關研究機構的統計來看，還是從我們在日常生活中的經驗感受來看，患有身心疾病的人似乎越來越多了。而且，心理疾病的類型不只有憂鬱症，還有焦慮、恐慌，以及躁鬱症。不僅如此，年輕人還經常將「我emo了」這句話掛在嘴邊，「emo」更變成了網路流行語。實際上，「emo」本來是一種情緒化的音樂風格，被網友引申出「多愁善感」、「憂鬱」等多重涵義，進而又被解釋爲英文emotional的縮寫，有情緒波動之意。除此之外，現在還有其他一些新興名詞出現，例如「社恐」，即「社交恐懼症」。儘管它偏向一種調侃與自嘲，也沒有被認定爲醫學意義上的疾病，但是這種現象在在提示著我們，人們在現代生活中正遭遇前所未有的「精神危機」，它以各種情緒化的方式，甚至是心理疾病的方式呈現出來。

身爲現代人的我們到底怎麼了？是我們太脆弱，還是現代社會太無情？

＊＊＊

根據相關資料統計顯示，二〇一八年，臺灣的心理師執業人數爲一四六二人，二〇二三年則達到一九三七人，領照人數也從一八三七人增長爲二七一七人[18]。在憂鬱症盛行之下，不僅心理健康與精神衛生的相關從業者持續增多，致力於學習心理學知識，甚至從事相關工作的人也越來越多。

當越來越多人患有心理疾病，引發了社會大眾對心理學、心理健康和心理疾患的重視，並由此極大推動了心理健康及其相關產業的發展。然而，這只是一個由A到B的單向循環嗎？有沒有可能，這個循環亦可以由B到A呢，也就是隨著心理健康及其相關產業的發展，以及心理學知識在大眾的普及化，有越來越多的心理疾病被識別，同時也有越來越多患有心理疾病的人被發現？

這樣的推論，並不是要否認心理學作爲現代科學的重要意義，也絕不是反對心理學的發展，而是嘗試從一個更爲整體的角度來剖析以憂鬱症、焦慮症、躁鬱症等爲代表的心理疾病在現代社會中急遽增長的底層邏輯。這一章嘗試從非心理學的角度討論心理疾病與現代社會的可能關聯。

在具體展開討論之前，我們首先需要瞭解的是，在當今的醫學視角之下，究竟什麼是心理疾病呢？在精神疾病診斷準則手冊（DSM-5）中，躁鬱症依照輕躁症、躁症及鬱症發作的情形，可分爲七種型態，臨床上較常見的爲第一型雙極性疾患（bipolar I disorder）及第二型雙極性疾患（bipolar II disorder）[19]。

另一方面，憂鬱發作的症狀標準包括：憂鬱情緒、興趣與喜樂減少、體重下降或增加、食慾下降或增加、失眠或嗜睡、精神運動性遲滯或激動、疲累失去活力、無價值感或罪惡感、無法專注和無法決斷、反覆想到死亡，甚至有自殺意念、企圖或計畫。依照目前診斷憂鬱症的標準，以上九個症狀中至少有五個症狀以上，並持續超過兩週，大部分的時間皆是如此，就要小心可能是得了憂鬱症[20]。

在明確了憂鬱症等心理疾病的醫學界定之後，我們將嘗試從非醫學的、非心理學的、乃至非自然科學的角度來討論一下，包括憂鬱症在內的心理疾病究竟爲何會成爲現代社會的「流行病」。

現代人的心理狀態：當「靈魂問題」走向科學化

自人類邁入現代以來，心理問題就不只是專屬於心理學了。法國社會學家涂爾幹的《自殺論》，在某種程度上可以被視爲社會學研究心理問題的先驅著作。涂爾幹注意到，在十九世紀，整個歐洲出現了越來越嚴重的自殺現象，各個國家在一定時間內的自殺率不斷飆升：一八二六到一八九〇年，普魯士的自殺率上升了四一一％；一八二六到一八八八年，法國的自殺率上升了三八五％；奧地利的自殺率則在一八四一到一八七七年上升了三一八％。那麼，爲什麼十九世紀的歐洲會出現自殺率飆升的現象？

涂爾幹從社會學的角度進行了分析，在他看來，自殺主要分爲三種類型，即利己主義式自殺、利他主義式自殺和脫序性自殺。所謂利己主義式自殺，就是指極端的個人化導致的自殺，這與西方的不同宗教傳統有關。宗教對其信徒的控制或者整合程度越高，信徒之間的連結就越緊密，其信徒的自殺率也就越低；反之，則自殺率越高。經歷了宗教改革的新教，其教徒的個人主義程度高於天主教，也高於猶太教，因此相對而言更加缺少共同信念，集體意識較爲薄弱。不過，宗教只是利己主義式自殺中的一個變數，除宗教以外，婚姻、文化等對個體的限制與凝聚，也是重要的結構性因素。

所謂利他主義式自殺，是指個性的極端退化導致個體基於自身之外的集體目標，而產生「不得不死」的選擇，例如陪葬、殉情、獻身、獻祭等。我們可以看到，這實際上是一個光譜，利己與利他分別處於光譜的兩端，而個體在現實生活中如果越靠近此光譜的極端狀態，自殺的可能性就越大。涂爾幹更進一步指出，當整個社會發生巨大轉型之時，現代人面對的，實際上是隨著社會轉型所產生的精神與脫序的危機。簡單來說，當巨大轉變來臨時，也是舊有規範與秩序失效，而新的價值與道德體系還沒有完全建立的時期。在這樣的狀況下，人很容易陷入精神與脫序的危機，而在這種危機之下做出的自殺選擇則被涂爾幹稱爲脫序性自殺[21]。

涂爾幹並沒有將自殺現象背後的實質問題歸爲心理健康，也並未將其作爲一種疾病來看待，而是在某種意義上將其視爲「社會疾病」加以理解。由此產生了一個有趣的問題：人類是從什麼時候開始從醫學和科學的角度來看待心理問題的？與這個問題相關的前置性問題是：在科學之前，人類文明是如何面對類似憂鬱和躁鬱這樣的問題呢？

＊＊＊

在傅柯看來，現代文明下所流行並深入人心的科學，是一套圍繞「權力－知識」的體系。他發現，在相當長一段時間內，或者說在啓蒙過程裡，包括瘋狂、譫妄等在內的種種「非理智狀態」儘管被排斥，但往往被當作宗教意義上的「靈魂問題」來處理和對待：「中世紀期間，瘋狂被定位爲一種惡德。……在巴黎也好、在亞米安（Amiens）也好，瘋狂名列主宰人類靈魂的邪惡軍隊之列，或是所謂的十二個對立德行之中[22]。」

而從十七世紀以來，這種「判定」與歸屬範疇發生了重大變化，隨著醫學以科學的姿態登上歷史舞臺，教會法和羅馬法一致認爲，瘋狂的判定與醫生的診斷相關。一切有關精神錯亂的判決都包含了醫學意識[23]。不僅如此，到十九世紀時，隨著實證醫學的發展，類似瘋狂這樣的非理智狀態開始漸漸被醫學正式確認爲精神疾病，這種界定還出現了法律與政治後果：它是無行爲能力人，也是公認的團體秩序破壞者[24]。傅柯揭示了一種本質，即類似瘋狂這樣的非理智狀態本身的「知識化」與「醫學化」過程，也是現代知識系統與權力機制相結合的過程，現代社會透過科學的手段、精密的標準，對人進行分類與識別，發現其中的「異常者」，並將其歸入精神病患的範疇，透過將其監禁在精神病院，以防止他們破壞社會秩序，同時又透過醫學方法給予治療。現代人逐漸接受並認可這一「知識化」的過程，它實際上也是權力的擴散過程。

其實，傅柯圍繞瘋狂和精神病所做的「知識考古學」，更多是基於歷史資料所做的理論分析，而佛洛伊德身爲現代精神分析的重要開拓者，也對包括憂鬱在內的諸多問題提出自身的判斷。他在《精神分析引論》中指出，精神分析與建立在解剖學基礎上的現代醫學並不相同。佛洛伊德寫道：「你們所受的教育引導著你們的思維，而這種思維又把你們帶離了精神分析。醫學訓練讓你們常常將生物體的機能和失調建立在解剖學的基礎上，讓你們從物理學和化學的角度來看待它們，用生物學的觀點做進一步的解釋。你們從不注意精神生活，不知道精神生活是複雜的生物體所達到的最輝煌成就。」[25]

實際上，在佛洛伊德的觀點裡，精神分析並不是一種純粹的科學化和形式化的方法，因爲分析師在從事工作之前必須先經歷深度的自我分析或者被分析。在這層意義上，精神分析本身是主體與主體之間的深度互動，而掌握精神分析的本質也不只在於瞭解一項工作技巧、熟悉一套工作流程，更不是醫生秉持著科學的精神對病人進行流程化處理的簡單過程。然而，隨著精神分析的高度工具化，它最終從一種關於靈魂的自我省察，轉變爲科學化與職業化考察他人病態心理、可以實驗和測量的專業理性知識[26]。

在日常生活中，我們經常會看到某種對憂鬱症的理解方式：「不就是不開心嗎？現在的孩子眞是脆弱。」這樣的理解方式當然不是科學的，但是這種理解方式以及憂鬱症等心理疾病的特徵，往往都和我們過去如何理解個人的性格有關。有些人情緒不穩定，容易以較爲激烈的方式表達出來；有些人性格沉悶，對生活世界保持悲觀的態度；有些人在生活中經常感到緊張，憂心忡忡，整日心神不寧，甚至出現失眠等情況。這些個體在性格上的差異在長時間內持續出現甚至越演越烈，就被醫學和科學判定爲躁鬱、憂鬱或者焦慮。仔細想想，所謂「社交恐懼症」不也是如此嗎？儘管「社恐」沒有被納入醫學範疇，但大家以「社交恐懼症」對現代個體在社交生活中的拘束、緊張感和對社交的排斥加以概括，其實質上不也是現代科學話語和思維的一種呈現方式嗎？

由此，我們可以看到，隨著現代文明的發展，人類開始以科學的方式、知識化的方法和流程化的技術來對待包括心理問題在內，與精神狀況相關的問題，而且這個過程本身越來越強調標準化、可測量化。此外，人們在不斷尋找心理疾病的生理學基礎，這也是一個越來越將人當作「物」的測量方式。簡言之，**在面對人的精神世界問題時，我們越來越將其進行「物化處理」**。

＊＊＊

實際上，憂鬱症這個詞本身存在的時間並不長，在二十世紀中葉，它被冠以「神經衰弱」之名，直到美國精神醫學學會發佈《精神障礙診斷與統計手冊（第三版）》（DSM-3），用憂鬱症、焦慮症等更具分辨性的疾病名稱代替「神經衰弱」。隨著憂鬱症這個名詞出現，相關製藥企業、心理諮商機構勃然興起，這些環節與要素不斷互相刺激，也在客觀上使憂鬱症有了強烈的社會建構意味[27]。

現代社會的複雜之處在於：一方面，它是一個以物化邏輯爲主的狀態，人類習慣將自身面對的所有現象（包括心理和精神）作爲客觀的「物」來理解；另一方面，現代社會是一個高度複雜的分工系統，有著標準化的內在要求，又環環相扣。因此，當以憂鬱症爲代表的心理疾病完成了從靈魂到心理的轉換之後，過去在主體與主體之間、人與神之間、人與自我之間的「**靈魂問題**」，就成了醫生與病人之間、藥物與病症之間的「**醫**

學問題」，也變成了知識與權力之間、病人與產業之間的「經濟和社會問題」。

我們無法用簡單的「好」與「壞」來判斷這一轉換，但是，這樣的轉變，客觀上使得心理問題在現代社會中陷入了更複雜的處境。

長期緊張：現代文明的衍生品

隨著現代化的發展，我們越來越仰賴科學方法來辨識心理疾病，不斷嘗試在生理學層面找到心理問題的致病基礎，並提供治療方案。比如，很多人都已經接受了多巴胺分泌失調是憂鬱症的生理學特徵，而各種藥物也競相推出，以刺激多巴胺的分泌，或者嘗試降低人的興奮度和對外界的感受度，減少個體可能受到的外界刺激。

在本節，我想從非生理學的角度來討論一下這些心理疾病的社會動因。

有研究者指出，現代文明進展到二十一世紀，更多以新自由主義全球化的形式呈現出來，這具體表現在後福特主義（Post-Fordism）的彈性積累（因資本可跨國流動、在不同地區進行分工而產生的及時生產、外包制、彈性雇用工時、臨時工成爲常態等）、競爭力論述（對國家、公司、個人皆強調創新、彈性、企業家精神）、公私協力（國家與私人部門合作，共同發展服務或推動科技）、消費社會（在醫藥需求上，民眾不斷消費醫療商品與服務，直到身體達到健康爲止）等[28]。

以上描述較爲學術，卻揭示了人類在現代社會中遭遇的普遍命運。在我看來，我們如果將看待這一系列變化的時間線拉長，就會發現它們其實未必可以用新自由主義全球化這個抽象名詞加以概括，而是現代性的內在邏輯在時空中的具體呈現。要理解心理疾病何以在現代社會流行，我們先要深入瞭解每個人在現代社會中的處境。

現代人本質上生活在充滿結構性張力的世界中。他們從出生開始就已經接受了平等、**自由與獨立的基本價值觀**，他們相信，每個人的生活都「應該」是有意義的、有追求的、有自由選擇空間的，而這種自由選擇空間又可以實現自身的人生價值。這既是每個現代個體的理想，實質上又被當作現代文明對個體的承諾。在這層意義上，這些價值觀念已經成爲現代社會的「預設」，並透過一系列基礎制度植入日常生活：現代法律體制承認每個人的主體性，以及基於這種主體性，實現人與人之間的平等；現代教育體系則被認爲是最重要的社會機制，因爲從理論上來講，它爲現代人提供了塡補先天出身不平等的可能，每個現代人都有接受教育的權利。

＊＊＊

不僅如此，現代社會發達的生產體系、複雜的分工和日新月異的科技進步，也爲現代人提供了多種透過職業實現自我的可能性；在個人生活領域，婚姻與愛情從過去的封建家長制、君主制和宗教權威中解脫出來，成爲完全私領域的個人選擇。

但是，對現代個體而言，這些預設與承諾幾乎無時無刻製造著現代人的根本性張力。無論是由於資源所限，還是無可否認的個體性差異，這種現代性承諾都不可能在眞實世界中完全兌現。個體感到自己有無限的可能，但現實則是被困在體制裡整日做著重複性，甚至自認爲「無意義」的工作，只爲了拿到微薄的薪水以養家餬口；個體感到自己有無限的生活選擇，但很多人還是要透過家人的安排或者相親與他人結成伴侶，甚至婚姻也被理解爲與感情無關的單純功能性選擇。在這種普遍的結構性緊張狀況下，個體感受到的不是平等與自由，而是平等與自由的承諾沒有被兌現，且會反過來曲解現代社會關於平等與自由的基本內涵。**個體若感覺到自己的意志沒有實現，自身的才能沒有得到真正的施展，就容易處在壓抑的狀態裡。**長時間處於這種緊張壓抑狀態的現代人，可能會消沉悲觀、情緒激動，或兩者交錯出現。

現代社會的另一個典型特徵便是高度專業化的分工，這個複雜的分工體系本身就如同一台高速運轉的精密機器，而個體則是這台機器上的其中一個零件。機器上的零件有哪些特徵呢？它們必須在規定的時間內持續進行重複性的勞動。實際上，現代職業體系中的人們也處於這樣的狀態裡，專業化的要求和訓練可以最大限度地提升個體的勞動技能和勞動效率，但是高競爭的職業狀態和後福特主義下所形成的獎勵機制，又會使個體陷入無限的「內捲」之中。

與此同時，馬克思所謂的「異化」狀況會迅速在個體生活中蔓延，因爲基於薪酬而不是志業出現的「內捲」，除了帶來身體上的疲倦，還會讓人漸漸感受不到工作的意義。更重要的是，這種分工所特有的標準化、流程化意味著它會帶來極高的效率，也會帶來極強的可複製性。在本書前面的章節中，我們已經看到了教育是如何變成流水線，也看到了現代生活究竟是如何被掏空的。更值得注意的是，**這種專業化、流程化的理解**

世界的方式，也會演變成現代人理解自我的方式。

許多人喜歡爲自己的人生做詳細的規劃，而這種規劃本身就意味著「分解任務式」的人生流程——似乎只有按照「在什麼年齡做什麼事情」這一邏輯思考的現代人，才能符合「理性」的標籤。但在什麼年齡做什麼事情的本質是按照「效用最大化」的邏輯所展開的，生活本身成了絕對手段，而它本來應是絕對目的。

這樣的現代人，實質上處於一種觀念非常進步，但是肢體極度蜷縮的狀態。正如盧梭的那句名言：「人生而自由，卻無往不在枷鎖之中。」這種「觀念—意志」的發達與「肢體—生活」的蜷縮之間形成了巨大的張力，每當個體嘗試在社會中舒展自我時，他都會經常碰壁，遭到社會或明或暗的毒打。而現代文明的物質和科技水準的整體提升，又使得很多人在出生時就擺脫了「能否溫飽」的煩惱，而進入「**我要變得更好**」的思考模式。但是，究竟什麼是「更好」？如何才能實現「更好」？在實現這兩個字的旅程中，個體的神經在這個張力結構中不斷接受拷問，其間或高或低、或急或緩的情緒又會有極大的風險被「系統」識別爲各種心理疾病的生理表徵，只能治療，無處安放。

他人的存在：生活世界的稀缺物

無論是憂鬱症患者、躁鬱症患者還是雙向情緒障礙患者，似乎都有一個共通點，便是處在一個無法與常人對話，甚至無法按照日常邏輯對其進行疏導與理解的狀態中。他們似乎封閉了自我的心靈，「沒人理解我」、「沒人懂我」幾乎變成現代人的口頭禪。爲什麼會這樣呢？

在我看來，「他人」在我們的生活世界中成了稀缺物，是心理疾病蔚爲流行的重要底層邏輯。德國社會學家韋伯有一句廣爲流傳的名言：「人是生活在自己編織的意義之網上的動物。」但是人們在傳播這句話的時候忘記了一點，那就是韋伯高度強調個體所賦予行動的主觀意義，但是這個主觀意義是需要被他人理解的。然而，現代人的生存處境和心靈結構，使得他人成了稀缺物。

一方面，現代個體有著前所未有的主體意識，它又集中體現在人與人之間越來越強的界限感上。無論在理論上還是在現實中，現代人看上去都擁有對生活的支配權，這種支配本身就構成了個人的神聖性，不容侵犯。因此，現代人對「我的生活」高度敏感，不希望任何外物影響自己的生活，侵入自己的領地；與此同時，許多人出於同樣的邏輯，會小心翼翼地介入「他人的生活」。這造就了界限感強而又看上去高度文明的社會狀態，但也在客觀上造就了人與人之間的疏離甚至冷漠。仔細想來，這樣的狀態並不稀奇，如果個體在意義上已經成爲社會體系中零件般的存在，彼此之間只有合作或者競爭的關聯，那麼自然會形成冷漠與疏離感。

另一方面，現代個體在現實中的體驗遠沒有自己觀念中的那麼「自由」和「自主」，在更依靠各種外部性規定來維持秩序的現代社會中，人與人之間依靠著各種互不侵犯的底線來建立彼此之間的關係，同事之間、同行之間是職場關係，伴侶之間是受法律保護的財產關係和權利義務關係，甚至父母、子女之間也是。在這層意義上，所有個體都處於受保護的狀態，但是這些外部性規定在大多數情況下只能約束人的行爲，很難眞正管控人的內心意志。然而，**作為群居性動物、具有主觀意志和情感價值的人，總是有在心靈和情緒上彼此連結的現實需求**。一個充斥外部性條約的現代社會，實質上形成了對這一需求的限制。

＊＊＊

與此同時，進步的資訊技術和新媒體形式又爲現代人提供了更便利的工具：人們越來越喜歡「宅」在自我的小宇宙中，依靠手機在虛擬世界裡嘗試伸展自我。但是，他們忘記了一個最基本的自然規律：**人類堅固的情感、真實的支撐，往往來自物理世界中的經驗**——所謂經驗，就是經過與體驗。我們知道「苦」，是因爲品嘗過藥的味道；我們知道「累」，是因爲這來自眞實的生理體驗；我們對父母、朋友、伴侶的思念和依賴等情感，則來自眞實的共同生活經歷。

於是，現代社會出現了一個有趣的現象：許多人在遇到生活困惑或者巨大挫折，以致於情緒難以排解的時候，往往選擇把虛擬世界當作出口。很多人既害怕得不到身邊人的理解，又擔心自己的情緒過度影響他人，甚至侵犯彼此默認的界限感，於是會選擇在類似「樹洞」的社群網路上，以匿名的方式講述自己的遭遇，尋求來自四面八方的陌生人支持。然而，這種支持的效果短暫而脆弱，它恐怕遠遠比不上父母朋友的眞切擁抱。因爲那些陌生人是在高度自我保護主義之下形成的「**虛擬他人**」，我們不得不承認，這些虛擬他人可以爲個體提供無害的慰藉，卻又因爲陌生而無法做到完全同理我們。

人是群居性、社會性的高等動物，這點不僅體現在我們可以透過複雜的社會分工生活，更展現在我們能夠透過溝通交流，達成彼此間的理解。一九九二年的電視劇《編輯部的故事》的主題曲中有這樣一句歌詞：「人字的結構就是相互支撐。」而理解則是這個支撐結構的本質。不僅如此，人與人之間的相互支撐還意味著現代個體需要「他人」進入自己的世界。這些「理解」個體的他人，可以使我們的生命更豐富，同時也為個體建立心靈上的後盾。他人的存在，讓人類有可能走出抽象自我的「小小世界」。然而，眞切而具體的生命中的重要他人，正在從個體生活中消逝。

現代個體可以藉由各種資訊和專業知識，讓自己的觀念保持進步，但是這種觀念往往缺少眞實的生活體驗，於是，現代個體口中的「自我」變得越來越虛空。人與人之間在科技上完全可以實現即時聯繫，但在共同生命經歷的層面，他人卻已經與我們漸行漸遠。當他人逐漸消逝時，人與人之間的理解自然也成為生活的稀缺物。

在《樂隊的夏天》第一季某集中，主持人馬東這樣評價一個樂隊：「樂隊是人與人的連結，而不是拼盤。」他的這句話，無情地講出了每個現代人的眞實處境。

第15章

困於過往：人為什麼很難斷捨離？

懷舊：隨時隨地發生的穿越

二〇二〇到二〇二二年，有兩個節目非常引人關注，就是《乘風破浪的姐姐》和《披荊斬棘的哥哥》，也被網友戲稱為「大型過氣明星翻紅／翻車現場」，因為它們所邀請的來賓，沒有一位是當紅的流量明星，全部都是已經步入中年的歌手和演員。稍稍有些令人意外的是，這兩個娛樂節目一推出，就受到了觀眾的熱愛，人們高喊著「我的青春回來了」，不斷發出「這是我的青春啊」之類的感嘆。不僅如此，還有許多人將節目的評價抬高到了「重塑大眾審美」的程度，認為這些年齡上已經「過氣」的藝人，其實都有代表作，只是因為影視與音樂產業對效率和流量的追求而漸漸退出舞臺，讓位給一些空有皮囊的流量明星，而這樣一種「回歸」的方式，也確實產生了重塑大眾審美的效果。

開頭提及這一類綜藝娛樂節目，並不是因為我要在這裡從社會學角度討論娛樂話題，而是因為這兩個頗具代表性的節目，實際上勾起了無數人對於過往的回憶，也引發了人們對「懷舊」的討論。網路上有一句非常流行的心靈雞湯：「來人間一趟，願你不亂於心，不困於情，不念過往，不畏將來，如此，安好！」相信這句話所傳達的是許多人憧憬的生活狀態。但是，人眞的可以做到不念過往嗎？爲什麼在現實生活中，我們不僅很難做到這點，還時常出現不斷地回憶過往，甚至困於過往的情況呢？

過往與回憶對以「不斷向前」爲主題的現代人來說，究竟意味著什麼呢？在現實生活中，它們往往會在不同維度影響我們，可能是滋養，也可能是困擾。

近幾年來，有不少叫好又叫座，甚至引發大眾熱議的電視劇，其中有許多以犯罪懸疑爲主題，無論是《無證之罪》、《心理罪》，還是流行一時的《隱祕的角落》，這些犯罪懸疑劇或多或少都會引發大家對於原生家庭的討論。所謂原生家庭，難道不是捆綁在現代人的肉身之上，不斷對人造成困擾的最大的「過往」嗎？

實際上，過往不只會困擾我們，也會默默滋養我們，比如我們的手機音樂App中那些下載到裝置裡並且總是循環播放的老歌。二〇二二年夏天，我和幾個朋友開車去爬山，隨機點開了App上的歌單，放出的第一首歌就是Beyond樂團的《海闊天空》。當熟悉的旋律響起時，我莫名渾身起雞皮疙瘩，這些實際上也是過往對人的滋養。

現在網路上流行著「我的青春結束了」和「我的青春回來了」這組對應詞，前者是在喟嘆「青春已逝」，後者則是在歡呼「青春又回」，這一來一去之間，全是過往。生活總是給我們上演一幕又一幕「回憶殺」，不管是故地重遊、老友重逢，還是舊事重提。如果去參加同學聚會，你一定會發現一個有趣的現象：一場正常的（非攀比式的）同學會上，最早出現的是彼此之間的寒暄和近況、交換各種八卦資訊，但是當酒過三巡之後，同學會的傳統節目才正式開始，大家紛紛回憶起青春歲月，或嬉笑怒罵，或暢飲開懷，聊起那些「想當年」、「想當初」、「你還記不記得」。

當我們在懷舊時，我們「懷」的究竟是什麼？人爲什麼總是活在過去？我們究竟可不可以「不念過往」地前行？對這些問題進行思考和討論，並不意味著矯情，而是因爲它其實關乎現代生活的本質。

今昔對比：無意識中產生的比較心態

一般而言，大家對懷舊的理解和解釋，常常建立在「無意識比較」這一框架下。人作爲一種具有主觀意志和認知能力的社會性動物，其本身的認知是建立在記憶層面的，這種以記憶爲主體的認知機制，會在我們的生活中塑造一種潛意識或無意識的對比，這種對比不只停留在自我與他人之間，更容易體現在過去與現在的對比中。

例如說，當八〇後、九〇後回憶起自己的青少年時期，是想到過去步調相對緩慢的生活節奏，這種回憶往往源於快節奏、高度「內捲」的現代生活所帶來的困頓。還有很多人會懷念學生時代的青春歲月，因爲校園生活中的人際關係相對單純、沒有目的性的，這與爾虞我詐、幾乎由外部性維繫的職場關係形成了鮮明的對比。隨著都市化的發展，道路變得平整，房子也跟著翻新，但是人與人之間的連結卻不如過往緊密了。**這種新舊對比的生命體驗與記憶機制，特別是基於對當下生活狀態的困頓或者不滿而出現的懷舊，是最容易被理解的**。

像這樣在時間序列上形成的對比機制，在世代間也會非常明顯地呈現出來。無論現在讀到這些文字的你處在哪個年齡層，我們大概都會有類似的經歷：父母一輩對我們諄諄教誨，往往也會採取這種懷舊方式，像是說著「別人家的孩子」、「以前我們如何如何」。而當我們步入中年，成爲「前輩」的時候，往往也逃脫不了這種回憶式說教的敘事方法。仔細想來，這種固定的思維模式本質上也是一種懷舊。

除了新舊對比，日常生活中的懷舊許多時候還來自空間錯置。比如，長時間在海外生活的朋友，可能會執著於「家鄉的味道」。我有個移民海外的朋友，每次回國都要購買只有天津才有的調味料，每當我們嘲笑他回來一趟竟然要帶這些東西走的時候，他都會用「你們不知道這個味道對我有多重要」回答。這種空間上的易置使得他們與自己的過往產生了嚴重的物理疏離。

這只是諸多例子中的一個，它雖然是個案，卻相當普遍。因爲現代社會具有高度的流動性，很多人在成年後都不在自己長大的地方生活，但是對故鄉的種種記憶與認知還留在腦海，甚至成了某種習慣。因此，當他們無法在當下生存的空間中找到那些東西時，同樣會產生比較心態，只不過這個心態並不屬於時間維度，而屬於空間範疇。

當下：由過往的生命歷程鐫刻而成

然而，在我看來，懷舊並不只是基於對當下的某種不滿或者對逝去之物的某種追溯這麼簡單，而是在本質上，涉及了社會學的某些根本命題。

現代人懷舊行爲的本質究竟爲何？在從學理上展開這個討論之前，我想先分享一個小故事。二〇二〇年，我有幸成爲北京大學人文社會科學研究院的訪問學者，能夠和其他大學、其他科系的人一起進行駐訪工作三個月，更難得的是，當時我們還在其中一位來自敦煌研究院的駐訪學者邀請下，集體前往河西走廊進行爲期一週的學術考察。整個過程中，來自不同領域的人文社科學者在歷史現場有了充分的交流與討論，我們每天都在一個個田野現場，考察行程緊湊而充實，無數場景都深刻留在了彼此的生命中。

我記得有一天晚餐後，大家走路回飯店，途中偶然路過一座很有特色的「民間博物館」。在當地朋友的邀請下，我們進入參觀，大家的分享欲就被啓動了，因爲這座博物館是以「懷舊」爲主題，裡面展出的全是一九九〇年代之前最常見的生活用品。從保溫瓶、茶壺，到同一花色的床單、被單，還有各式各樣的農具、衣服和舊式書包，甚至連三、四十年前街上罕見的吉普車和摩托車都各有一輛。大家一邊參觀著這些展品，一邊講述自己對過往生活的回憶，如數家珍，不亦樂乎。

從理論上來說，三、四十年前的生活，無論是從物質水準、科技發展來看都遠不如現在「進步」，那麼大家爲什麼還如此興奮地回憶過往呢？當然，我們同樣可以將「回憶那時候的氛圍」作爲答案，但其實並不盡然。其本質在於那些過往和歷史，無論先進落後，無論酸甜苦辣，都已經以各種形式鐫刻在我們的生命中，不斷塑造著我們的「自我」。

仔細想想，每個人性格的形成、氣質的養成，乃至思維方式和行事邏輯，實際上是由生命歷程中各種要素不斷堆積並發生耦合作用之後的結果。很多已經被我們淡忘的過往或者我們平時不以爲意的日常，都默默地在我們的體內留下了自己的烙印。這些我們意識到或者無法意識到的要素，以習慣、情感、觀念等各種方式，執拗地留在個體的生命之中。

儘管隨著時間的推移和歲月的流逝，它們已經成爲我們的集體無意識，甚至很多不好的經歷會被我們以各種方式主動拋棄，但它們總會在某個不經意的時間點突然被啓動——當人們坐在車裡聽到一首老歌時，當闊別家鄉多年又嘗到兒時的味道時，當我們與有著共同生活經歷、生命歷程以及生命體驗的人暢快溝通時也是這樣。那些並不是刻意的回憶，很多時候也不來源於對當下困頓的不滿，只是因爲那些回憶本身就是生命裡重要的一部分，並曾經深刻刻畫了我們的樣子，它們頑固地留在每個人的生命中，靜靜地停在某個隱祕的角落，隨時可能被喚醒。回憶的本質，是人對「遺忘的自我」的喚醒與啓動。

經常在戰爭電影中出現的PTSD（創傷後壓力症候群）也是一種回憶，是對生命過往的一種「另類喚醒」，原生家庭和童年陰影實質上亦有同樣的基礎邏輯。這些不好的回憶，會喚醒每個人生命歷程中的那些「黑暗面」，讓我們在不經意間沉浸其中。

〈沒有人是一座孤島〉是十六世紀英國詩人鄧約翰（John Donne）的一首詩，其中有幾句這樣寫道：「無論誰死了，都是我的一部分在死去，因爲我包含在人類這個概念裡，因此，不要問喪鐘在爲而鳴，喪鐘爲你而鳴。」對於這首詩，每個人會有不同的理解。從原義上來看，這首詩傳達的是人類爲一個整體，人與人之間休戚與共、息息相關。在我看來，「沒有人是一座孤島」的眞實涵義在於，身處現代世界的個體都是具有獨立意志的主權個人，在理論上享有絕對的神聖性。但是，這並不意味著我們孑然獨立地存活於世，因爲所有個體的生命歷程，都是在一定的歷史時空中展開的，其所經歷的事、遇到的人、讀過的書、生活過的地方、從事過的工作，以及原生家庭都會在我們的生命歷程中默默地留下印記，形成每個人的「過往」，或成爲滋養我們的港灣，或成爲困住自己的枷鎖。每一個「當下」，都是由這樣獨特的過往堆積而成的。

人類：不斷負重前行的物種

社會，是個在中文脈絡裡非常難理解的詞，說穿了，所謂社會，其本質就是人的聚合形態（群體）。因此，嚴復在將關於Society（社會）的學問Sociology翻譯成中文時，最初的譯法是「群學」。然而，群體是個含有複雜內涵的概念，包含國家、部落、社區、村莊、城市、工廠、學校乃至文明（Civilization）都屬於廣義上的「群體」。如果我們按照這樣的方式理解「社會」，那麼，不同層面的社會都將對身處其中的個體留下印記，並形成個體的過往。

在學生時代，我上過一堂課，這堂課主要教授的內容是歷史。課後我問了老師幾個問題：「爲什麼學社會學的人要上歷史課呢？歷史對於我們有什麼意義？」這位老師的回答讓我留下了非常深刻的印象，他說：「我自己是一個非常抗拒集體生活的人，非常排斥參加各類集體活動，也不願意被放進組織裡。二〇〇三年，也就是SARS流行的那一年，我剛好去海外讀書，當時海外的大學都還沒有我們這種機制——早上按照班級、學院測量體溫，然後逐級上報、逐級篩查，我所在的大學很想建立起這樣的機制，卻始終沒有成功。後來，我讀博士的那所學校把這個機制建立起來了，怎麼做到的呢？就是依靠我們這些海外留學生。從那一刻起，我才意識到，無論我是否爲特立獨行的人，無論我是不是個人主義者，從小到大的所有經歷和我所處的制度環境都已經默默在我的身體裡留下了烙印，它們已經成爲生命本能的一部分，儘管我沒有意識到，或者甚至我不喜歡，這些也會刻在我的生命中。這就是歷史的意義。」

過往，就如同那位老師所說的，它時時刻刻以各種方式留在我們的身體裡。法國社會學家傅柯有句名言：「這個身體就是銘記事件（語言標記了事件，思想又消解了事件），也是自我拆解的處所（自我在此代表一個統一實體的幻象），是個一直處於風化中的器皿。■[29]」傅柯的文字固然有某種隱喻和哲學修辭，但即使在現實生活中，我們也能感受到爲何身體被稱作「**容器**」，因爲不論是制度也好，風俗也罷，甚至是日常生活中的衣食住行，都會在我們的身體留下烙印。

人類學家莫斯（Marcel Mauss）也發現，人類會從自己的日常生活經驗中形成自身的**身體技術**（Body Techniques），所謂身體技術，用學術語言來表達，就是人們在不同的社會中根據傳統理解、使用他們身體的各種方式[30]。實際上，身體技術沒有那麼複雜，它體現在我們的各種日常生活習慣上，比如說，一個西方人不太會在使用刀叉時顯得生疏或不習慣，也不可能在餐桌禮儀上出現差錯，而華人也不太可能出現無法熟練使用筷子的情況。這些便是所謂生活習慣中的身體技術，只不過我們平時很難意識到這些「過往」的存在。

人類行爲與社會環境，是現代人文社會科學的經典命題之一。一個人的個性、習慣、氣質、性情的形成，究竟是基因的作用，神聖自由意志的體現，還是社會環境塑造的結果呢？隨著現代科學中基因工程的不斷發展，人類似乎越來越相信人的性格與個性是基因序列排列組合的結果，甚至會認爲它們是可以被後天的技術所改變的。然而，在社會學研究者看來，社會雖然是肉眼無法直接觀察到的，但這並不意味著它不存在。相反地，社會往往以各種方式留在個體的生命經驗之中。

韋伯在《新教倫理與資本主義精神》一書中敏銳地揭示了經歷新教改革的清教徒所具有的集體倫理人格，這種將對利潤的追逐刻入血液的精神氣質與性情傾向，其背後有著「證呈上帝榮耀」和「天職觀念」的宗教內涵，並且構成了資本主義蓬勃發展的重要文化基礎[31]。而歷史學家湯普森（Edward Palmer Thompson）則透過對十八世紀英國社會中平民文化的考察，指出他們在生活世界中共用的行爲習慣，並詳細描摹了這種平民文化的獨特性與整體性，進而揭示了英國工人階級形成的社會基礎[32]。馬克思則敏銳地意識到，工業文明的邏輯在現代世界的瘋狂擴張，構成了現代人生活世界的制度環境，不斷塑造著現代人的「異化」傾向。

舉凡種種，都是加諸現代個體之上的過往，它們如此隱祕而不易察覺，卻在我們的生命中留下了或濃或淡而又揮之不去的印記。即便透過自身的努力從體力勞動者變成白領階級，甚至告別社畜的命運成爲老闆，那些我們工作過的老舊辦公室、蝸居過的小房間，都已經成爲我們自身的一部分，哪怕不願再主動回憶那些不堪的過往，它們也會偶爾浮現出來。

有句俗話說到「一方水土養一方人」，這裡的「水土」，便是我們的過往。我們會在那些水土的滋養下形成共有的習慣。讀到這裡，或許你會冒出一些存疑：這個邏輯豈不是否認了個體的獨特性嗎？恰恰相反，由於現代社會的高度流動性，以及充滿神聖意味的自由意志和獨立意志，每個現代人在理論上都有著最獨特的生命歷程，而這種獨特的生命歷程是無法複製的。

舉一個前文提過的簡單例子，作爲天津人，家鄉煎餅果子的味道是我的「過往」，每次有朋友去天津旅行，總會問我這些問題：天津有什麼好吃的？哪裡的煎餅果子最好吃？除了這些，還有沒有其他好吃的小吃？面對這些問題，我總是做出這種不負責任的回答：「最好吃的煎餅果子，永遠是我家樓下那家。」不過，還眞的有朋友刨根問底地問我具體位置，並且親自去嘗嘗味道。但從他的回饋來看，對他來說，我家樓下的那家煎餅果子吃起來普普通通。爲什麼呢？因爲它是我的獨家記憶，它在我的生命歷程中的位置和意義也是我所獨有的，是別人不可複製，也無法體驗的。

社會是由人組成的，而人類是不斷背負著過往向前行的物種。在這層意義上，每個人都處在「困於過往」的狀態中，這不僅不悲傷，反而很自然。

後記

當我在二〇〇三年那個炙熱的夏天拿到南京大學錄取通知書的時候，我完全被通知書上的「社會學」三個字震懾住了。我不知道它究竟爲何物，也不知道等待我的「未來」是什麼，更沒有想過這竟然會成爲我的志業——對一個中學生而言，要弄清楚Sociology是什麼，確實要求過高。在那個網路還不發達，筆記型電腦並不普及，連手機都相當罕見的年代，我跑到新華書店，找到了一本現在已經忘記書名的社會學教材。在打開第一頁之後我就陷入了深深的絕望，因爲那上面寫著：「社會學就是用社會學的理論和方法，研究和解決社會問題的學問。」這是一句標準的「正確的廢話」，也是「用A解釋A」的典型案例。

到大學報到後的新生見面會上，當時負責本系生教學的賀曉星老師突然問我們：「你們班有多少人的第一志願是社會學呀？」三十八個人裡有三人默默舉起了自己的手。「我要恭喜剩下的三十五位同學，因爲不是你們選擇了社會學，而是社會學選擇了你們。」語言是一門藝術，不同的表述方式會產生完全不同的效果，「社會學選擇了你們」竟然讓人有種自己是「天選社會人」的錯覺。在這四年中，透過閱讀和田野調查，我對社會學產生了興趣，發現這門「邊界不清」、有些「抽象晦澀」的學問似乎可以回答生活中的許多困惑，但坦白說，那個時候的我還不太能夠讀懂涂爾幹、韋伯以及托克維爾的作品，我對這些書充滿興趣，卻又覺得它們莫名有種「距離感」，或許是由於求知欲，也或許是因爲虛榮心，我一直沒有失去把這種「距離感」弄明白的動力。

除了閱讀之外，田野調查對一個二十出頭的年輕人來說也極具吸引力，它滿足了我對外部世界的好奇。但是，在一次次田野調查中，我慢慢體會到的是自我的「有限」與「抽象」。年輕的自己有對世界的想像、對觀念的著迷，又會按照抽象觀念來理解生活世界，形成對世界的批判，甚至以尖刻的批判和特立獨行的叛逆爲自身「妝點」。幫我在無形中消除這些的，依然是社會學。

本科畢業後，我到中國政法大學社會學院讀研，後來又到清華大學社會學系讀博士。我很難用語言和文字表達出這七年讀書生活對自己的意義。但是，那些有「距離感」的書，我是從這個時候才開始逐漸讀懂的，在田野中「放下自己」，也是從那時慢慢學會的。

讀研究所的時候，我們有開讀書會的慣例，有的讀書會每兩週一次，有的每週一次，一次最少半天。其內容是大家集體閱讀經典著作，比如我們和渠敬東教授組織的黑格爾小組一起用了好幾年共同研讀《精神現象學》，和應星老師一起花了一年多讀完了洛克的《政府論》，花了兩年多讀完了伍德（Gordon S. Wood）的《美利堅共和國的締造》。這種共同讀書的集體生活，給了年輕人最寶貴的滋養。讀書會還有另外一種形式，就是大家每兩週要報告自己的論文進度，並接受大家的「口誅筆伐」。記得有一次，我剛從唐山下面的某個村子做田野調查回來，做田野彙報。對一個從小在都市長大、在都市生活的年輕人來說，田野工作中這幾個月的鄉村生活，是美好而難得的。所以我在田野報告中描繪了一幅男耕女織的田園詩意畫，並以具有高度反思性的方式批判著「現代」、「機器」和「工業」。報告完之後，我的學長直接開罵說：「一看就知道你沒有好好做田野調查！」還不等我爭辯，他就繼續說道：「田野調查要求同吃同住同勞動，你這個田野報告一看就是偷懶了，沒和人家一起幹農活。我就是農村出來的，你只要認真做了農活，就不會寫出這種田園詩一般的報告，就知道最大的感受不是這些傷懷和抽象的批判，而是累，身體上的累。有了這層體會，你再來講你對鄉村、工業、現代這些問題的判斷。」

在我的記憶中，沒有什麼例子能夠比這個更說明什麼是「**抽象的觀念**」了。那些沒有眞切的經歷與體驗感受，那些只停留在腦海中、書本裡或者其他形態的文本中的「應該如何如何」，都是抽象的。我總是重複地強調，現代個體的存在形態，是觀念的高度發達與現實的極度蜷縮並存，這種共存的狀態幾乎塑造著現代人的所有「焦灼」——理想與現實、應然與實然。

在我看來，社會學是幫助我們克服這種狀態的學問，它是溫柔而具體的。說它是「溫柔」的學問，是因爲它要求從事社會學學習與研究的人，以坦誠而非「意氣」的方式去面對自己的研究物件。當閱讀經典時，我們要明白的是作者的語境、邏輯乃至情感；當我們在田野中時，則要「將心比心」，設身處地。這些，都是非「溫柔」不可得的東西。社會學更是一門具體的學問，因爲它要求我們以「具體」而非「抽象」的方式思考問題，警惕一切簡單抽象的觀念對自己可能產生的影響。

比如說，在閱讀韋伯的作品時，我們要杜絕這樣的理解方式：韋伯最厲害的地方是，他告訴我們資本主義制度的興起是由於西方宗教改革。這就是一種最典型的抽象理解方式，因爲韋伯所討論的是非因果的選擇性親和關係。再比如，我們應該如何面對自己的田野調查對象？單純地對他們的行爲做記錄並套用各種概念進行簡單評價就是抽象的，而瞭解田野調查對象每個社會行動的主觀意義、客觀結構性限制及其具體情境就是具體的。在這層意義上，社會學要求每個人暫時放下虛幻的、妄自尊大的「自我」，以一種眞誠而質樸的心態去面對自己的周遭與生活世界。

在我看來，所有的學習經歷，在有限的職業生涯和人生旅程中遇到的師長、朋友，以及家人，都是社會學的饋贈，因爲他們以及與他們的共同生活不斷塑造著我的「自我」。我不知道它有沒有變好——好與壞沒有標準，但我知道，它變得豐富，也變得具體了。

現代人經常將「爲他人著想，爲自己活著」這句話掛在嘴邊，一方面表示個體的獨立性，一方面彰顯自己不是「自私的人」。這句話沒有錯，但我總覺得，把這句話倒過來說依然成立。「爲他人活著，爲自己著想。」爲他人活著似乎是個令人無法接受的說法，但仔細想想，一個生活世界中容納不了他者的「自我」，不只是孤獨的，更是虛空的。或許我們應該認識到的是：沒有那些重要的他者，就沒有「自我」；所謂意義，是在與重要他人共同承載之下才眞實存在的東西。也許這才是現代社會與現代個體的眞實境況。所以，要感謝生命中的重要他人，不只因爲情誼，更因爲在共同的生命歷程中，我們彼此塑造，相互連結。

這本書能夠出版，要感謝中信出版社的支持，也要感謝愛道思人文學社。在這幾年的相處中，我們也成爲彼此生命中的重要他人。最後，還要感謝我的學弟，北京大學的歷史學博士何必，沒有他主理的Podcast《東腔西調》，就不會有這本書的出現。在錄製Podcast的過程中，我們慢慢有了把語言變成文字的想法，並最終透過大家的共同努力將這個想法付諸實現。本書並不傳播某些規律或者定理，它只是一些未必正確的個人見解，將它們分享給大家，是我對「社會學究竟意味著什麼」的回答。

現代人在劫難逃，但沒有人是一座孤島。珍惜那些在生命中定義了我們的重要他人，是每個現代人的必修課。

孟慶延

| 參考資料 |

第一篇　抽象的社會

■ 1_ 埃米爾·涂爾幹，《社會分工論》，左岸文化，2006。

■ 2_ 埃米爾·涂爾幹，《涂爾幹文集：第4卷 宗教生活的基本形式》，商務印書館，2020（簡體）。

■ 3_ 費孝通，《鄉土中國 生育制度 鄉土重建》，商務印書館，2011（簡體）。

■ 4_ 實際上，在中國傳統社會中，政治系統與血緣系統並不是分裂的，它們透過科舉制度互相聯繫，其核心則是對「道德」的強調——無論是君主還是普通人，都以做個「有德明君」或「道德善人」為人生宗旨，人生的意義表面上被政治神聖與血緣尊親賦予，但其本質則是不斷實現儒家「教化成仁」的道德屬性。正因如此，錢穆在《中國歷代政治得失》一書中將科舉制度視為中國傳統社會最重要的社會制度。因為科舉制度表面上是一套「獎勵機制」，但實際上，無論是天子還是公卿士大夫和庶人，都需要從小受四書五經的禮樂教化，而幾乎所有儒家經典中最重要的內容就是強調道德倫理。簡單來說，對中國傳統社會而言，透過讀儒家聖賢之書懂得做人的道理，進而在日常生活中做一個道德至善的君子，遵守倫理規範的約束，就是生活的意義所在。

■ 5_ 馬克斯·韋伯提出了「價值中立」這一概念。

■ 6_ 馬克思·韋伯，《新教倫理與資本主義精神》，左岸文化，2008。

■ 7_ 「祛魅」是韋伯提出的概念，要理解這個概念，就要先理解什麼是「魅」。所謂「魅」，就是指那些不可言説、不可用現代理性邏輯證實也不可證偽的存在形態。比如，我們説一個人「有魅力」，但這個人的魅力很可能不來自長相的標緻，而是來自無法言説的人格和氣質。因此，現代來臨之前的宗教，實際上就是這樣一種「先驗論」的存在，而世俗化程度越高的宗教，其祛魅的程度就越高，「魅惑」和不可言説的程 度也就越低。

■ 8_ 埃米爾·涂爾幹，《職業倫理與公民道德》，商務印書館，2015（簡體）。

■ 9_ https://www.nbd.com.cn/articles/2022-10-27/2516710.html.

■ 10_ 編者註：《2021年臺灣文化內容產業調查報告一遊戲、電競產業》，https://taicca.tw/uploads/userfiles/2021%E5%B9%B4%E5%8F%B0%E7%81%A3%E6%96%87%E5%8C%96%E5%85%A7%E5%AE%B9%E7%94%A2%E6%A5%AD%E8%AA%BF%E6%9F%A5%E5%A0%B1%E5%91%8A4.pdf

■ 11_ 曼威·柯司特，《網路社會的崛起》，社會科學文獻出版社，2001（簡體）。

■ 12_ 同第一篇6。

■ 13_ 姜宇輝，〈遊戲何以政治？〉，《讀書》雜誌，2022（簡體）。

■ 14_ 葉啟政，《象徵交換與正負情愫交融：一項後現代現象的透析》，商務印書館，2021。

■ 15_ 編者註：《遊戲軟體分級管理辦法》，https://law.moj.gov.tw/LawClass/LawAll.aspx?pcode=J0030086

■ 16_ 葉啟政，《深邃思想系鏈的歷史跳躍：霍布斯、尼采到佛洛伊德以及大眾的反叛》，商務印書館，2021（簡體）。

■13_ 馬克思・韋伯，《經濟與歷史 支配的類型》，廣西師範大學出版社，2010（簡體）。
■14_ 羅伯特・艾茲拉・派克等，《城市》，商務印書館，2016（簡體）。
■15_ 徐霞客，《徐霞客遊記》，中華書局，2009。
■16_ 梁啟超，《歐遊心影錄節錄》，中華書局，1941。
■17_ 編者註：https://www.twtrend.com/trend-detail/travel-agency-2023/。
■18_ 傑克・凱魯亞克，《在路上》，漫遊者文化，2011。
■19_ 渠敬東，《山水天地間：郭熙《早春圖》中的世界觀》，新知三聯書店（簡體）。
■20_ 錢穆，《現代中國學術論衡》，新知三聯書店，2016（簡體）。
■21_ 應星，《中國社會》，中國人民大學出版社，2015（簡體）。
■12_ 同第一篇18。
■23_ 同第二篇21。
■24_ 亨利・孟德拉斯，《農民的終結》，社會科學文獻出版社，2010（簡體）。
■25_ 徐宗陽，《內外有別：資本下鄉的社會基礎》，社會科學文獻出版社，2022（簡體）。
■26_ 費孝通，《江村經濟》，商務印書館，2001（簡體）。
■27_ 費孝通，《費孝通全集：第10卷》，內蒙古人民出版社，2009（簡體）。
■28_ 過聚榮，《民宿藍皮書：中國民宿發展報告（2020～2021）》，社會科學文獻出版社，2021（簡體）。
■29_ 同第一篇3。
■30_ 同第一篇3。
■31_ 瑪麗・道格拉斯，《潔淨與危險——污染和禁忌觀念的分析》，商務印書館，2018（簡體）。
■32_ 孟子，《孟子》，中華書局，2018（簡體）。
■33_ https://new.qq.com/rain/a/20210607A026I500.
■34_ https://m.thepaper.cn/baijiahao_17975441.
■35_ 格奧爾格・齊美爾，《貨幣哲學》，貴州人民出版社，2019（簡體）。
■36_ 周飛舟，《以利為利：財政關係與地方政府行為》，上海三聯書店，2012（簡體）。
■37_ 錢穆，《國史大綱》，商務印書館，2013（簡體）。
■38_ 同第一篇3。

第三篇　空心的個體

■ 1_ 同第一篇1。
■ 2_ 皮耶・布赫迪厄、讓–克洛德・帕斯隆，《再生產》，商務印書館，2021（簡體）。
■ 3_ 同第一篇6。

■17_ 尤根．哈伯瑪斯，《交往行為理論：第一卷》，上海人民出版社，2018（簡體）。
■18_ 錢穆，《中國歷代政治得失》，新知三聯書店，2018（簡體）。
■19_ 諾博特．伊里亞斯，《文明的進程》，上海譯文出版社，2018（簡體）。
■20_ 馬克思．韋伯，《社會學的基本概念》， 廣西師範大學出版社，2011（簡體）。
■21_ 同第一篇17。
■22_ https://baijiahao.baidu.com/s?id=1737015955280504424&wfr=spider&for=pc.
■23_ 約翰．洛克，《政府論》，五南出版，2021。
■24_ 厄文．高夫曼，《日常生活中的自我呈現》，商周出版，2023。
■25_ 米歇爾．傅柯，《監視與懲罰》，時報出版，2020。
■26_ 同上。
■27_ 同上。
■28_ 米歇爾．傅柯，〈無名者的生活〉，https://wenku.baidu.com/view/ 95352778. ae02de80d4d8d15abe23482fb4da02f9.html?_wkts_=16696 87524587&bdQuery=%E7%A6%8F%E6%9F%AF+%E6%97%A0%E5%9 0%8D%E8%80%85%E7%9A%84%E7%94%9F%E6%B4%BB。
■29_ https://baijiahao.baidu.com/s?id=1748793233869330421 &wfr=spider&for=pc。
■30_ 葉啟政，《深邃思想系鏈的歷史跳躍：霍布斯、尼采到佛洛伊德以及大眾的反叛》，商務印書館，2021（簡體）。
■31_ 古斯塔夫．勒龐，《烏合之眾》，時報出版，2020。
■32_ 同第一篇2。

第二篇　懸浮的生活

■ 1_ https://news.taiwannet.com.tw/c15/108781。
■ 2_ 同第一篇24。
■ 3_ https://new.qq.com/rain/a/20210623A09SL800.
■ 4_ https://zhuanlan.zhihu.com/p/141093914.
■ 5_ 喬治．雷瑟，《社會的麥當勞化》，上海譯文出版社，1999（簡體）。
■ 6_ 查爾斯．霍頓．庫利，《人類本性與社會秩序》，桂冠圖書出版，1994。
■ 7_ 費孝通，〈我看人看我〉出自《費孝通文集（8）》，群言出版社，1982（簡體）。
■ 8_ 亞歷西斯．德．托克維爾，《論美國的民主》（上）、（下），五南出版，2022、2023。
■ 9_ 李澤厚，《美的歷程》，新知三聯書店，2009（簡體）。
■10_ 同第一篇19。
■11_ 米歇爾．傅柯，《安全、領土與人口》，上海人民出版社，2018（簡體）。
■12_ 同上。

■ 4_ 安德魯．斯科特《農民的道義經濟學：東南亞的反叛與生存》，譯林出版社，2013（簡體）。
■ 5_ 卡爾．馬克思，《資本論》，聯經出版，2017。
■ 6_ 王寧，《從苦行者社會到消費者社會：中國城市消費制度、勞動激勵與主體結構轉型》，社會科學文獻出版社（簡體）。
■ 7_ 同第三篇3。
■ 8_ 尚．布希亞，《消費社會》，南京大學出版社，2014（簡體）。
■ 9_ 安東尼．加盧佐，《製造消費者：消費主義全球史》，廣東人民出版社，2022（簡體）。
■ 10_ 編者註：2022年(含)以前實際值為內政部；2023年(含)以後推估值為國家發展委員會「中華民國人口推估（2022年至2070年）」之中推估，2022年8月。https://www.ndc.gov.tw/Content_List.aspx?n=D527207EEEF59B9B
■ 11_ 同第一篇19。
■ 12_ 同第二篇11。
■ 13_ https://baijiahao.baidu.com/s?id=1744636687884608518&wfr=spider&for=pc.
■ 14_ 米歇爾．傅柯，《性史》，時報出版，2022。
■ 15_ 馬克思．韋伯，《韋伯作品集Ⅶ：社會學的基本概念》，廣西師範大學出版社，2005（簡體）。
■ 16_ 編者註：https://blog.coolhealth.com.tw/2023/07/06/suicide-depression-treatment
■ 17_ 編者註：https://www.cna.com.tw/news/aopl/202206170204.aspx
■ 18_ 編者註：http://www.atcp.org.tw/modules/news/article.php?storyid=497
■ 19_ 編者註：《DSM-5精神疾病診斷與統計》。
■ 20_ 編者註：https://www.depression.org.tw/knowledge/info.asp?/68.html
■ 21_ 埃米爾．涂爾幹，《自殺論》，五南出版，2018。
■ 22_ 米歇爾．傅柯，《古典時代瘋狂史》，時報出版，2016。
■ 23_ 同上。
■ 24_ 同上。
■ 25_ 西格蒙德．佛洛伊德，《精神分析引論》，左岸文化，2018。
■ 26_ 孫飛宇，《從靈魂到心理：關於經典精神分析的社會學研究》，新知三聯書店，2022（簡體）。
■ 27_ 蕭易忻，《「抑鬱症如何產生」的社會學分析：基於新自由主義全球化的視角》，社會，2016（簡體）。
■ 28_ 同上。
■ 29_ 米歇爾．傅柯，《尼采．譜系學．歷史學》，社會科學文獻出版社，2001（簡體）。
■ 30_ 馬塞爾．莫斯，《社會學與人類學》，上海譯文出版社，2003（簡體）。
■ 31_ 同第三篇3。
■ 32_ 愛德華．阿瑟．湯普森，《共有的習慣：18世紀英國的平民文化》，上海人民出版社，2020（簡體）。

社會學給現代人的非標準答案

那些生活中讓你感到痛苦的，究竟是誰的問題？

作　　者　孟慶延
企劃編輯　李雅蓁 Maki Lee
責任行銷　鄧雅云 Elsa Deng
裝幀設計　廖勁智 Jin Zhi Liao
內文構成　譚思敏 Emma Tan
校　　對　葉怡慧 Carol Yeh

發 行 人　林隆奮 Frank Lin
社　　長　蘇國林 Green Su

總 編 輯　葉怡慧 Carol Yeh
主　　編　鄭世佳 Josephine Cheng
行銷主任　朱韻淑 Vina Ju
業務處長　吳宗庭 Tim Wu
業務主任　蘇倍生 Benson Su
業務專員　鍾依娟 Irina Chung
業務秘書　陳曉琪 Angel Chen
　　　　　莊皓雯 Gia Chuang

發行公司　悅知文化 精誠資訊股份有限公司
　　　　　105台北市松山區復興北路99號12樓
訂購專線　(02) 2719-8811
訂購傳真　(02) 2719-7980
專屬網址　http://www.delightpress.com.tw
悅知客服　cs@delightpress.com.tw
ISBN: 978-626-7406-30-4
建議售價　新台幣420元
初版一刷　2024年02月

國家圖書館出版品預行編目資料

社會學給現代人的非標準答案：那些生活中讓你感到痛苦的，究竟是誰的問題？/孟慶延 著. -- 一版. -- 臺北市：悅知文化 精誠資訊股份有限公司, 2024.02
320面；14.8×21公分
ISBN 978-626-7406-30-4（平裝）
1.CST: 社會心理學
541.7　　113000016

建議分類｜人文社科

悅知文化
Delight Press

線上讀者問卷 TAKE OUR ONLINE READER SURVEY

每個人都應放下虛幻的、妄自尊大的自己，以真誠而質樸的心態去面對生活。

——《社會學給現代人的非標準答案》

請拿出手機掃描以下QRcode或輸入以下網址，即可連結讀者問卷。
關於這本書的任何閱讀心得或建議，歡迎與我們分享 ◡̈

https://bit.ly/3ioQ55B